Staats- und socialwissenschaftliche Forschungen

herausgegeben

von

Gustav Schmoller.

Sechster Band. Erstes Heft.
(Der ganzen Reihe vierundzwanzigstes Heft.)

Hans J. Hatschek, Das Manufakturhaus auf dem Tabor in Wien.

Leipzig,
Verlag von Duncker & Humblot.
1886.

Das Manufakturhaus
auf dem Tabor in Wien.

Ein Beitrag

zur österreichischen Wirthschaftsgeschichte

des 17. Jahrhunderts

von

Hans J. Hatschek.

Mit zwei Plänen und einer Abbildung des Manufakturhauses.

Leipzig,
Verlag von Duncker & Humblot.
1886.

Das Uebersetzungsrecht wie alle anderen Rechte sind vorbehalten.

Vorwort.

Die Wirthschaftsgeschichte der österreichischen Länder ist ein noch vielfach ungekanntes Gebiet. Gleichwohl bietet die eigenartige Entwicklung und selbst der Niedergang der österreichischen Volkswirthschaft im 17. und 18. Jahrhundert viel Interesse und es scheint wahrhaftig der Mühe werth, die jetzt noch spärlich fliessenden Quellen dieser Geschichte zu erschliessen.

Der Verfasser, der schon früher im Seminare Professor Schmoller's in Berlin sich mit Studien über österreichische Gewerbegeschichte befasst hatte, folgte gerne der Anregung und Aufmunterung seines hochgeschätzten Lehrers, sich noch eingehender mit der Wirthschaftsgeschichte Oesterreichs vertraut zu machen und die Resultate seiner Studien zu publiciren. In emsiger Arbeit in den Bibliotheken und Archiven Wiens hoffte er seine Studien soweit vollenden und hinreichendes Material sammeln zu können, um eine umfassendere Darstellung der Gewerbegeschichte der österreichischen Länder, zunächst für das 17. Jahrhundert, publiziren zu können. Leider gelang es nicht, dieses ersehnte Ziel zu erreichen; einerseits war das gefundene Material in manchen Theilen unzureichend und eine Ergänzung desselben sehr schwer durchzuführen, andererseits bewogen äussere Verhältnisse den Verfasser, Wien zu verlassen und damit nothgedrungen die weitere Materialsammlung aufzugeben. Dennoch war es zu dieser Zeit schon gelungen, manche nicht unbedeutsame Partie des Ganzen zu einem ziemlich befriedigenden Abschlusse zu bringen; eine derselben ist die vorliegende Geschichte des Manufakturhauses in Wien. War es nicht möglich, das Ganze zu vollenden, so mag doch diese Detailarbeit, die durchweg auf aktenmässigem Materiale der Wiener Archive und der k. k. Hofbibliothek in Wien aufgebaut ist, vor die Oeffentlichkeit treten, als ein schwacher Versuch, zu der grossen Arbeit der Durchforschung der österreichischen Wirthschaftsgeschichte einen kleinen Beitrag zu liefern. Als das und als nichts Anderes soll die kleine Studie angesehen werden.

Der Verfasser erfüllt endlich eine angenehme Pflicht, indem er an dieser Stelle einem Manne, der in liebenswürdigster Weise ihn bei seinen Studien unterstützte, ihm den Zugang zu allen Archiven eröffnete und auch bei der Durchführung der Arbeit mit manchem vortrefflichen Rathe zur Seite stand, Herrn Hofrath Professor Dr. v. Inama-Sternegg in Wien, seinem hochverehrten Lehrer, für diese Förderung den wärmsten und tiefstempfundenen Dank ausspricht.

Reichenberg, im August 1885.

Der Verfasser.

Inhalt.

Seite.

I.

Einleitung.

I. Gewerbliche Zustände und Gewerbegesetzgebung der österreichischen Erblande im 17. Jahrhundert.   3—14
    Ablenkung des Welthandels im 16. Jahrhundert. — Niedergang der Gewerbe in Oesterreich. — Schilderungen zeitgenössischer Schriftsteller. — Bewegung gegen die Zünfte. — Zunftaufhebung 1527. — Polizeiordnung für die Handwerker 1528. — Weitere Gewerbegesetzgebung des 16. und 17. Jahrhunderts. — Handwerksmissbräuche. — Hofbefreite. — Preistaxen, Lohnsatzungen. — Verbot des Imports gewisser Waaren. — Reichsedikt von 1676.

II. Die Massregeln zur Hebung der Gewerbe am Ende des 17. Jahrhunderts. Becher's bisherige Thätigkeit.   15—25
    Errichtung des Kommerzienkollegiums 1665. — Johannes Joachim Becher. — Becher's Jugend und frühere Wirksamkeit. — Die bayrische Seidenkompagnie. — Becher in Wien. — Die Orientalkompagnie. — Die österreichische Seidenkompagnie. — Streitigkeiten zwischen Becher und dem Hofkammerpräsidenten. — Der „politische Discurs" Becher's. — Die hochdeutsche Colonie in Westindien. — Verlauf der Colonialangelegenheit. — Becher wieder in Wien, Aufnahme der Seidenmanufakturangelegenheit. — Gutachten der Direktoren. — Kompagnie zum Handel nach Holland. — Versuch des Weinexportes. — Becher's vielseitige Wirksamkeit, Erfolg seiner Thätigkeit. Das Referat über Hebung der Kommerzien. — Schluss.

II.

Das Manufakturhaus oder kaiserliche Kunst- und Werkhaus auf dem Tabor in Wien.

I. Idee und erste Ausführung dieses Unternehmens Becher's. . . . . 29—40
    Der „Accord wegen Erbauung des Kunst- und Werkhauses". — Verhandlungen mit dem Obersthofmeister. — Einvernehmen mit dem Hofkammerpräsidenten Grafen Sinzendorf. — Die Kompetenz der Hofkammer bezüg-

lich des Unternehmens. — Bau des Hauses, Referat über dasselbe. — Gründliche Beschreibung des Kunst- und Werkhauses. — Die Schellenberg'sche Schmelzhütte. Die venetianische Glashütte. — Das Häuslein zur Wohnung des Direktors. — Plan des ganzen Unternehmens. Oekonomischer Grundgedanke.

II. Der Betrieb des Manufakturhauses unter Becher. . . . . 41—49
Beginn des Betriebes. — Schwierigkeiten der weiteren Durchführung. — Mittel zur Abhilfe. Vorschläge Becher's. — Streitigkeiten mit dem Hofkammerpräsidenten. — Becher's Klagen. — Vertrag über die Seidenbandmanufaktur. — Definitiver Vertrag mit Becher über den weiteren Betrieb des Hauses. Becher's Revers. — Becher verlässt Wien.

III. Das Manufakturhaus unter der Leitung Schröder's. Die Frage des wirklichen Betriebes und dessen Erfolges. Das Abbrennen des Hauses. . . . . 50—58
Intriguen gegen Becher. — Das Manufakturhaus ausser Betrieb. — Schröder wird zur Uebernahme desselben berufen. — Ansprüche des Hofkammerpräsidenten bezüglich des Grundes und Bodens. — Der Vergleich hierüber. — Schröder in Oedenburg beim Kaiser. — Die unaufgeklärte Frage des Betriebes des Manufakturhauses. — Aeusserung des n. ö. Hauptmauthamtes. — Beweise für den wirklichen Betrieb. — Abbrennen des Hauses während des Türkenkrieges.

IV. Das Projekt des Wiederaufbaues des Hauses. . 59—72
Schröder's Verluste durch den Brand des Hauses. — Seine Vorschläge betreffend den Wiederaufbau. — Die Erledigung seines Ansuchens. — Gutachten der bestellten Kommission. Schröder's umfassender Bericht über die Neugestaltung des Unternehmens. — Bedeutung des ganzen Planes. — Definitive Erledigung, Ueberlassung der Brandstatt an Schröder. — Die Verhandlungen betreff der grundbücherlichen Einverleibung. Die Frage des erfolgten Wiederaufbaues. — Schröder wird Kammerrath in Ungarn. Uebertragung des ihm überlassenen Grundes. Schröders Tod. Schluss.

III.
Beilagen.

I. „Accord (Becher's) mit Ihro hochgfl. Excellenz Herrn Grafen Albrecht von Zinzendorf." 75
II. Der Revers Dr. Becher's vom 15. Oktober 1676. 78
III. Gehorsamer Bericht Wilhelm v. Schröder's wegen Wiedererbauung des Manufakturhauses auf dem Tabor. 81
IV. Extrakt eines Gutachtens Schröder's „wegen Ingrossirung der Commercien und Vermehrung und Verbesserung der Manufacturen". 87

Tafel I. 2 Pläne, „Beschreibung des Werckhauses".
Tafel II. Plan, „Ein klein Häuszlein zur Wohnung des Directors und verwahrung der effecten".
Tafel III. „Abbildung des Manufacturhauses".

EINLEITUNG.

I.

Gewerbliche Zustände und Gewerbegesetzgebung der österreichischen Erblande im 17. Jahrhundert.

Die wirthschaftliche Lage Oesterreichs war im 17. Jahrhundert, wenn man etwa von den letzten Jahren vor Beginn des Dreissigjährigen Krieges absieht, eine überaus traurige. Wie in ganz Deutschland, so waren umsomehr hier, wo der Handel nie eine so hohe Entwicklungsstufe erreicht hatte, — wie beispielsweise in den Hansestädten und den grossen Messstädten für den Binnenhandel[1]) — Handel und Gewerbe unter dem Druck der misslichen äusseren Verhältnisse und einer inneren Politik, die alles, auch das wirthschaftliche Wohl des Landes, einem starren Glaubenszelotismus opferte, tief gesunken. Schon im 16. Jahrhundert war der eine Hauptstrom des Welthandels, der bisher von Konstantinopel längs der Donau und von den italienischen Städten (vornehmlich Venedig, Genua, Pisa) über die Alpen und weiter über Wien, Regensburg, Augsburg sich nach dem mittleren und nördlichen Deutschland bewegt hatte, fast vollständig abgelenkt worden[2]). Mit der Entdeckung Amerika's, mit der Auffindung des neuen Seeweges nach Ostindien ward der grosse Handelsweg hinaus verlegt auf den Ocean, die Küstenstädte des südlichen und westlichen Europas am Atlantischen Meere wurden die hauptsächlichsten Träger des Welthandels und der Handel der österreichischen Erblande sank mit diesem Verfalle des gesammten Binnenhandels. Dass mit diesem Sinken des Handels in Oesterreich, wie in ganz Deutschland, das jetzt von Portugal, Spanien, besonders aber von den Niederlanden und später von England in Handel und Schiffahrt weitaus überflügelt wurde, auch

---

[1]) Vgl. in Kurz, Oesterreich's Handel in älteren Zeiten. 1822, den Vergleich der österreichischen Erblande in dieser Hinsicht mit den Reichs- und Hansestädten. S. 345 ff.
[2]) Falke, Geschichte des deutschen Handels. II, S. 3 ff. Biedermann, Deutschland im 18. Jahrhundert. I, 274 ff.

der Niedergang des Gewerbes untrennbar verbunden war, scheint leicht begreiflich, wenn man bedenkt, dass in früheren Jahrhunderten die Erzeugnisse deutschen Gewerbfleisses — zu denen ja auch die österreichischen Erblande manch schönes Stück beigetragen — den Weltmarkt beherrscht hatten, während sie jetzt meist auf den Absatz im Inlande beschränkt und auch da von den Waaren der neuen Handelsmächte zum Theile verdrängt wurden.

Und jetzt kommt noch im 17. Jahrhundert hiezu der schreckliche Dreissigjährige Krieg, der das ganze, früher reichste und mächtigste Volk Europas zu einem armen und elenden machte[1], und das Wüthen der Gegenreformation in den österreichischen Erblanden.

Die besten und kräftigsten Männer aus dem Gewerbestande werden hinweggenommen, ganze Landstriche durch den andauernden Krieg entvölkert, die Verkehrs- und Absatzverhältnisse gestört, oft dauernd vernichtet. Und was der Krieg verschonte, bekämpfte und tilgte nachsichtslos die erst im 17. Jahrhundert zu Ende gebrachte Gegenreformation, welche die tüchtigsten und eifrigsten Gewerbsleute theils ganz vernichtete, theils zur Auswanderung zwang; wiederholt liest man in den Zunftbüchern jener Zeit, dass der oder jener seines evangelischen Bekenntnisses wegen nach Hungarn, Polen, „Niederlandenwärts" oder an den Rhein gezogen sei[2].

Zu diesen grossen äusseren Ursachen treten noch innere Schäden im Gewerbestande selbst, vor allem der Verfall der zu seiner Blüthezeit so segensreichen Organisation des Zunftwesens, der sich in den fortdauernd zunehmenden „Zunftmissbräuchen" dokumentirte und mit dem ungenügenden Absatze in Folge der mangelhaften, beständig durch Krieg und innere Unruhen unterbrochenen Handelsverbindungen eine Hauptursache der immer mehr und mehr sinkenden Leistungsfähigkeit des Gewerbes war. Genaue statistische Daten, die den kläglichen Zustand des Gewerbes in jener Zeit, insbesondere die rapid abnehmende Zahl der Gewerbsleute aufzeigen, fehlen uns fast gänzlich; doch sind wenigstens einzelne lokale Zahlen erhalten[3]:

---

[1] Falke a. a. O. 152 ff. — Hanser, Deutschland nach dem 30jährigen Kriege. S. 225. „Die Hansa, wie lange nicht ein Ruhm und Stolz des deutschen Namens, lag nach dem Ablauf der zwanziger Jahre gänzlich vernichtet am Boden; als das westphälische Friedenswerk in die Welt trat, hatten andere Hände sich ihres handelnden Tagewerkes angenommen. Nicht anders stand es mit dem übrigen deutschen Handel, vornehmlich um den in Süddeutschland. Zwar hatten ihm schon das Auffinden einer neuen Seestrasse nach Ostindien und die neuentdeckte Welt harten Verzicht auferlegt, aber doch hatten die augsburgischen Fugger, die Ulmer und Nürnberger Herren ihren alten Stolz noch nie so empfindlich beugen müssen als jetzt."

[2] Reschauer, Geschichte des Kampfes der Handwerkszünfte und der Kaufmannsgremien mit der österreichischen Bureaukratie. S. 5 ff.

[3] Zunächst entnommen einem „Referate Dr. J. J. Becher's, Kays. Commercialrathes, wie die Commercien, auch gemeiner Handel und Wandel

so waren in Prag, einer früher sehr gewerbereichen Stadt, im Jahre 1674 nur noch 355 Handwerker; die Bürgerschaft in Iglau war 1674 auf 300 gesunken, während vor dem Kriege die Angehörigen des Tuchmachergewerbes allein 7 - 8000 Personen zählten[1]); in Löwenberg in Schlesien, wo 1620 noch 700 Tuchmacher gewesen waren, betrug die Zahl derselben im Jahre 1674 nur noch 250, während Reichenbach, das zu Anfang des Jahrhunderts über 400 Barchentweber gezählt hatte, 1674 im Ganzen nicht 150 Gewerbsleute zählte. Klagenfurt hatte in demselben Jahre kaum 200 Handwerksmeister, Judenburg, eine früher ansehnliche Stadt in Steiermark, nur noch 68. Wien selbst zählte zu jener Zeit nur 1679 Handwerksmeister, eine Zahl, die zu der Bevölkerung, die damals auf fast 100 000 Seelen geschätzt werden kann[2]), in keinem Verhältnisse steht. Genauere statistische Angaben fehlen, wie schon erwähnt, für diese Zeit, doch sehen wir aus einem uns noch erhaltenen „Verzaichnusz deren hier in Wien befindlichen Handtwerchs, Gewerb und Professionen etc." aus dem Jahre 1702[3]), dass selbst in dieser späteren Zeit die Zahl der Gewerbsleute, die mit ca. 3700 beziffert wird, noch immer eine geringe zu nennen ist. Hiebei ist in Betracht zu ziehen, dass die letztere Zahl nicht ganz verlässlich, vielmehr jedenfalls zu hoch ist, da sie als Beleg für ein Gewerbesteuerprojekt herbeigezogen wird. Man darf annehmen, dass die Zahl der Gewerbetreibenden in Wien um die Mitte des 17. Jahrhunderts kaum mehr als höchstens 2000 betragen hat[4]), und dass diese Zahl in den Jahren 1670—1680 auf 1600, ja noch weniger herabsank. War ja doch in Prag in der Mitte des Jahrhunderts die Zahl noch die dreifache gewesen (ca. 1200) als im Jahre 1674. Weitere Angaben, freilich ohne ziffermässige Belege, sind in den Schilderungen der zeitgenössischen Schriftsteller enthalten[5]). Das, was wir aus diesen Darstellungen entnehmen, deren Richtigkeit auch einigermassen durch Zusammenhalten mit der Gesetzgebung jener Zeit kontrolirt werden kann, sind überaus traurige Ergebnisse.

---

gegenwärtig in Ihro Kays. Maj. Erblanden beschaffen seien", etc. aus dem Jahre 1674. MS. der kais. Hofbibliothek in Wien.
[1]) Werner, Geschichte der Iglauer Tuchmacherzunft, 1861.
[2]) Vgl. hierüber Weiss, Gesch. der Stadt Wien. II, 226. — Aeltere Schriftsteller, wie der Jesuit Reifenstuel geben an, dass Wien unter Ferdinand II. 80 000 Einwohner zählte. Man berechnete im Jahre 1710 die Volkszahl mit 113 800 Seelen.
[3]) Manuscript der Münchener K. Bibliothek.
[4]) Während andererseits nach Becher's Angabe die Zahl der Bettelleute ungefähr 8000 betrug.
[5]) Insbesondere: P. W. v. Hörnigk, Oesterreich über alles, wann es nur will; zuerst erschienen 1684. J. J. Becher, Politischer Diskurs von den Ursachen des Auf- und Abnehmens der Städte. 1668. W. v. Schröder, Fürstl. Schatz- und Rentkammer. 1685.

Trotz des Reichthums an Urprodukten, der ja noch immer vorhanden war, existirte fast keine Manufaktur in den österreichischen Erblanden. Wolle, Flachs, Leinen, Häute, Kupfer, Zinn, Quecksilber giengen ausser Land, um als Fabrikate wieder hereinzukommen[1]). Die Blechschneiderei und Porzellanmanufaktur hatte sich in Folge des Krieges von Böhmen nach Meissen verlegt. Der Rückgang der Tuchmacherei war ein so bedeutender, dass die Städte, wo dieselbe hauptsächlich geblüht, früher 2 bis 3 mal mehr bevölkert gewesen waren, wie wir dies an den Beispielen von Iglau, Löwenberg und Reichenbach gesehen haben. Schlesien und Oberösterreich, die früher 40 000 Webstühle besessen hatten (nach J. J. Becher), waren „bei Brot und Wasser Spinner der Augsburger, Ulmer und Holländer" geworden[2]). Der ganze Ertrag der Ausfuhr von Rohprodukten gieng überdies durch den Import der theuren „französischen" und anderen ausländischen Waaren (Seidenwaaren u. dgl., „Schleckereyen", d. h. Delikatessen aller Art) verloren. Die gesammten Manufakturen Oesterreichs kamen — wie dies Hörnigk in einem Vergleich mit der Stadt Leyden berechnet — nicht denen einer einzigen holländischen Stadt gleich. An Grossbetrieben, d. h. umfangreicheren, mit grösserem Kapital ausgestatteten und eine grosse Arbeiterzahl beschäftigenden Betrieben fehlte es in jener und in noch viel späterer Zeit selbst in Wien fast gänzlich[3]). Das Kleingewerbe litt an den äusseren misslichen Verhältnissen, wie an vielen inneren Schäden. Becher nennt als diese nebst den Kriegsunruhen „Bedrückung" von Seite der Herrschaften, der Rathsherren in den Städten, der Kaufleute und Krämer, „die sie pressen und aussaugen, indem sie ihnen nur zu geringstem Preise oder gar nichts abkaufen", ferner die vielen „Stöhrer", deren Zahl er in Wien mit 4000, in den gesammten Erbländern mit 50 000 beziffert, endlich die Jahrmärkte, auf denen fremde Händler den einheimischen Gewerbsmann namhaft schädigen.. „auch", meint er, „wäre eine reflexion auf ihre Zunfft zu machen, welche vieler Orten in hässliche monopolia degeneriren". Hierin liegt auch eigentlich der schwerwiegendste Grund; das Ueber-

---

[1]) Hörnigk a. a. O. pag. 70: „Die Ausländer schicken uns die daraus fabricirten Tücher, Zeugh, Strümpf, Hüte, Leinwand, Spitzen, Leder, Geschirr, Farben und unzählig andere Dinge, die alle in den Erblanden so wohl und besser als draussen sich verfertigen lassen, wieder zurück, ziehen dagegen das Geld, so sie uns für die rohe Ware gleichsam nur geliehen, 3, 6, nach Unterschied 10, wohl auch, wie bei den Spitzen, 100 fach heraus." — Vgl. überdies Falke a. a. O. II, 213 ff.

[2]) Ein charakteristischer Ausspruch J. J. Becher's im „Politischen Discurs". IV. Theil. 2. Aufl. S. 475.

[3]) So äussert sich auch der Regierungsrath Taube, einer der massgebendsten Beamten unter Maria Theresia (Büsching, Neue Erdbeschreibung). Eine, vielleicht die einzige Ausnahme, bildet die in der Mitte des 17. Jahrhunderts gegründete, im Codex Austriacus mehrfach erwähnte Cronraschfabrik in Linz.

wuchern der Zunftmissbräuche, das hier in gleicher Weise zu Tage trat wie in ganz Deutschland, hatte jedes Aufraffen des Gewerbestandes zur Unmöglichkeit und den Handwerkerstand, der früher hochgeachtet und geschätzt war, zu einem missachteten und gering geschätzten gemacht[1]).

So zeigt sich uns in allen diesen Erscheinungen auf dem Gebiete des Handels und der Gewerbe ein desolater Zustand, der immer weiter andauern, ja noch zunehmen musste, da niemand da war, um ihm ein Ende zu machen und die traurigen Verhältnisse etwas zu bessern. Der Landesherr — der ja damals den Staat bedeutet — war viel zu ohnmächtig, um kräftige, ausreichende Massregeln treffen zu können, dazu das Land und Volk durch Krieg und Noth aller Art ausgesogen, des Kaisers Kasse schon lange leer. Daher sehen wir auch in der Gesetzgebung jener Periode auf dem Gebiete des Gewerbes fast keine Spur von eigentlich wirthschaftspolitischen Schutz- und Hülfsmassregeln, vielmehr meist abstrakte Formulirungen, die dem Geiste der römischrechtlichen, absolutistischen Staatsanschauung zum Durchbruch verhelfen sollten. Schon frühzeitig nahm in Oesterreich die Gewerbegesetzgebung diesen „absolutistischen" Charakter an und zu einer Zeit, wo in den anderen deutschen Staaten noch wenig Spuren hiervon vorhanden waren, finden sich hier schon Bestimmungen, die ihre Spitze gegen die Autonomie der Zünfte und die monopolistischen Tendenzen derselben kehren.

Im Jahre 1518 beklagen sich die Stände der österreichischen Länder zu Innsbruck[2]) „der vermainten Freiheiten halber, nachdem einige geistliche und weltliche Stände, auch Adelige und andere Personen, Städte, Märkte, Zünfte, Zechen und Handtwerker zum Abbruche und Nachtheile der von Kaiser, König und Fürsten erlangten Landesfreiheiten erschlichen haben etc.", desgleichen „wegen der Unordnungen, so in Kayserlicher Majestät Erblanden mit Hantwerch und in ander weg erwachsen ist" und des Weiteren: dass diese ihre Bestätigungsbriefe und neuen Privilegien hinter dem Rücken der Stände erlangt hätten. Dem wird nun auch Abhilfe geschaffen. Ferdinand I. hebt 1527 die Zünfte und Zechen „mit ihren selbstgemachten Satzungen, Ordnungen und darüber erhaltenen Bestätigungen" auf. Dies

---

[1]) Schröder a. a. O. S. 301. „Die zweyte Ursach, warum bishero in Teutschland die manufactura gantz darnieder gelegen, ist die Verachtung der Handwerksleut, dasz jeder Tintenlecker einem rechtschaffenen Mann und Künstler vorgezogen wird: daher es kommen ist, dasz die Eltern nur die dummesten ingenia auff die Handwerckh schicken, wo sie aber ein wenig gute naturalia bei einem Kinde merkken, da muss es studiren und soll ein Doctor oder Magister aus ihme werden. „Er nennt auch an einer anderen Stelle „die vermaledeyten und als ärgste Pesth von gantz Deutschland verfluchten zünnfft" die Ursache des Nichtaufkommens der Manufakturen.

[2]) Zeibig, der Innsbrucker Ausschusslandtag der österreichischen Erblande 1518 (im Archiv f. österr. Gesch. 13).

klingt allerdings so, als ob nun das letzte Stündlein der Zunft geschlagen hätte, aber davon konnte begreiflicherweise damals nicht die Rede sein. Nach dem Wortlaute der „neuen Polizey und Ordnung des Handtwerches und Dienstvolck der niederösterreichischen Länder" [1]) erscheinen allerdings die Zünfte aufgehoben und haben weiterhin keinen rechtlichen Bestand; allein in dieser Hinsicht ist die Polizeiordnung nur auf dem Papiere stehen geblieben und wir haben gleich aus den nächsten Jahren Beweise genug, dass die Zünfte nach wie vor existirten und — funktionirten. Auch ist nicht ausgeschlossen, dass unter dieser „Aufhebung", wie dies auch anderwärts der Fall war, nur die Aufhebung der Autonomie der Zünfte, soweit eine solche noch bestand, zu verstehen ist. Fast gleichzeitig mit dieser Zunftaufhebung gibt Ferdinand 1528 den Zünften eine Ordnung — betitelt: Policeyordnung für die Handtwercker [2]) — die, wenn sie auch die inneren korporativen Gestaltungen und Versammlungen der Handwerker ohne besondere Erlaubniss verbietet, doch sich im grossen Ganzen an das bisherige Zunftrecht anlehnt:

Jedes Handwerk soll zwei geschworene Meister und Gesellen wählen, durch die alles, was das Handwerk vorzubringen hat, an Bürgermeister und Rath zu gelangen habe; dieselben Geschworenen haben auch mit zwei Verordneten des Raths „Beschau zu halten", „Streitigkeiten und Zwiste zu schlichten", insbesondere auch „in Lohnstritten zu entscheiden"; nur im Falle getheilter Meinung entscheidet endgültig Bürgermeister oder Richter. Wer Meister werden will, muss sich einer Meisterprüfung vor den Geschworenen unterziehen u. s. w., ungewöhnliche und besonders beschwerliche Meisterstücke sollen abgeschafft sein, desgleichen die unnützen Bewirthungen und „Collationen". Besondere Bestimmungen finden sich noch über das Schmähen und Unehrlichmachen, über die „Störer", die reisenden Gesellen, das Schenken, die Feiertage, über Almosen, Lehrjungen, Gottesdienst, die Handwerkslade und ähnliche Dinge, die im grossen Ganzen jenen Bestimmungen entsprechen, wie wir sie in den meisten „selbstgemachten und bestätigten" Zunftordnungen des 16. Jahrhunderts finden, nur mit dem Unterschiede, dass der Standpunkt der Kontrole und Ueberwachung durch die Behörde, der steten Unterordnung des Handwerkes unter die „Policey" hier vielleicht noch schärfer hervortritt. Die besprochene Polizeiordnung enthält aber ausserdem einen besonderen Theil, der darum von hohem Interesse ist, weil er manchen Einblick in die damalige Gewerbstechnik gewährt; es werden nämlich über 70 der bedeutendsten Gewerbe angeführt

---

[1]) In der Universitätsbibliothek zu Wien.
[2]) Vgl. hierüber Buchholtz, Geschichte Ferdinands I. VIII. Bd. S. 265 ff.

und die Grenzen ihrer Gewerbsberechtigung festgestellt, auch für einzelne besondere polizeiliche Vorschriften erlassen.

Dies die Handwerksordnung Ferdinand I. Es folgen nun in der von ihm eingeschlagenen Bahn der absolutistischen Gewerbepolitik eine Reihe von Verordnungen der folgenden Regenten bis auf Leopold I.; der Haupttheil dieser gesetzlichen Bestimmungen bezieht sich auf die Organisation des Gewerbes, — wenn man diesen Ausdruck hier anwenden kann — d. h. auf die Stellung der Zünfte, dann auf das Recht zum Gewerbebetrieb, endlich vornehmlich auf die Abstellung der „Handwerksmissbräuche". Eine weitere Reihe von Verordnungen behandelt die im Interesse des Gemeinwohls für nöthig erachteten Preistaxen und Lohnsatzungen, die Ordnung der Rechte der nicht im Zunftverbande stehenden Handwerker (der Hofbefreiten, Freimeister), enthält sodann Normen von theilweise handelspolitischer Natur, wie Ein- und Ausfuhrverbote, Vorkehrungen zur Hebung der sogenannten Manufakturen u. dgl. Die Verordnungen der ersten Art gehen weit in das 16. Jahrhundert zurück, die der zweiten gehören meist erst der Zeit Leopold I. an. Das Geltungsgebiet aller dieser Bestimmungen ist meist nur ein provinzielles, oft nur ein lokales (für einzelne Städte und Märkte erlassene Verordnungen). Die beste Quelle dieser Verordnungen und „Gesetze" (wenn man im absoluten Staat von solchen sprechen kann) ist wohl der „Codex Austriacus" (herausg. von Guarient 1704) für die beiden Oesterreich, den auch die meisten Schriftsteller als Quelle für diese Periode benutzen.

Nun zum wichtigsten Detail dieser Verordnungen. Dieselben bieten nicht sowohl ihrer Bedeutung und Geltung wegen viel Interesse — denn vielfach gerieth die eine oder andere ganz und gar in Vergessenheit, ein Ding, das sich freilich zum Theil aus der damals so mangelhaften Publikation und Verbreitung der Gesetze erklärt[1] — als vielmehr weil sie einen Einblick gestatten, einmal in den Zustand des Gewerbes zu jener Zeit und dann in die wirthschaftliche Auffassung des Zeitalters, die bei aller Inkonsequenz und Unklarheit im Einzelnen, dennoch im Ganzen in diesen Bestimmungen klar und konsequent hervortritt.

Die das Zunftwesen und Zunftrecht regelnden Verordnungen können eingetheilt werden in:

---

[1] Man kann dies auch aus den oftmaligen „neuerlichen Einschärfungen" entnehmen. Ein interessantes Beispiel bietet die Verordnung Leopold I. vom 17. Juni 1661 (im Codex unter „Taglohns-Satzung"), wo es heisst: „obzwar noch hiervor 1640 und 1656 von Unserem Vater Ferdinand III. eine heylsam Satz- und Ordnung .... gemacht und publicirt worden, so bringt doch die tägliche Erfahrung mit sich, dass bishero dieser schnurstracks entgegen gehandelt und gelebet worden ..." Und auch diese Verordnung musste 1673 wiederholt werden.

1. **Bestimmungen über die Einrichtung, rechtliche Existenz und Stellung der Zünfte zur Obrigkeit**: so die Verordnung von Mathias (1617), wonach die „Auffrichtung von Zunfften ohne allergnädigsten Consens und Verwilligung hinfüro verboten sein solle", dann die Verordnung Leopold I.[1]), wonach ohne Vernehmen der Obrigkeit keine neuen Privilegien ertheilt werden sollen und zugleich die Gerichtsbarkeit der Zünfte dahin geordnet wird: wenn eine Sache „pure et simpliciter" das Handwerk und dessen Ordnung betreffe, man dasselbe „wie bishero also auch fürohin als primam instantiam zulassen, andere Händel aber . . . vor denjenigen Magistrat oder Obrigkeit, wo die Zeche aufgerichtet ist, gehörig sein solle . . . wie denn auch denen Zechen allen Ernstes anbefohlen wird, sich nicht selbst der Execution anzumaszen . . ." Trotz dieser scheinbaren Jurisdiktionsbewilligung ist hier der Standpunkt der absoluten staatlichen Hoheit nicht minder festgehalten; die Rechte der Zunft erscheinen eben als staatliche privilegia. Daher auch eine Reihe von Verordnungen, die den Gewerbebetrieb der Zunftangehörigen gegen unbefugte Störer (Bönhasen, Pfuscher) schützen, so für alle Gewerbe von Leopold, 1693, bezüglich der Schneider schon 1569 und 1606, der Tischler etc.

2. Eine Unzahl von Bestimmungen über die **Handwerksmissbräuche**. Die wichtigsten (13 gravamina) sind zusammengefasst in der erwähnten Verordnung Leopold's, überdies sind vereinzelte Verordnungen schon seit früherer Zeit (Verordnungen Maximilian II. von 1567 und 1571, Ferdinand III. von 1655 etc.) für das gesammte Gewerbe erlassen worden — später dann auch einzelne Handwerker (Becken, Schneider) betreffend. Die ärgsten Missbräuche betreffen: a) Erschwerung der Aufnahme in die Zunft überhaupt, einmal schon durch Erschwerung der Niederlassung, dann durch Ausschliessung ganzer Gesellschaftsklassen, theils ihrer Beschäftigung wegen, theils aus anderen Gründen des Vorurtheils, hinter dem sich oft nur der krasse Zunftegoismus und habsüchtige Monopolsucht verbarg; es waren dies die sogenannten „Unehrlichen"[2]) (Leineweber, Barbiere, Schiffer, Müller, Zöllner, Pfeiffer, Gerichtsdiener, Trompeter, Bader — natürlich seit jeher Abdecker und Scharfrichter). b) Erschwerung des Meisterwerdens insbesondere, worauf ja schliesslich auch die früheren Bestrebungen hinausgingen durch Forderung langer Lehrjahre, langer Wanderjahre, durch die Forderung, dass der Geselle eine bestimmte, nicht geringe Zeit, 2 bis 3 Jahre, in demselben Orte gearbeitet haben musste, durch übermässige und unnütze Taxen und Kosten beim Meisterwerden,

---

[1]) Cod. Austr. S. 459 ff., überhaupt die ausführlichste der hier behandelten Verordnungen.
[2]) Genaue Details bei O. Beneke, Von unehrlichen Leuten.

durch Auferlegung eines theueren und unzweckmässigen, d. h. (später) unverkäuflichen Meisterstückes, endlich durch Ausschluss dieses oder jenes Gesellen von der Meisterschaft, hier der unverheiratheten, dort der verheiratheten, mindestens jener, die deflorirte Personen geheirathet hatten. c) Die übermässige Völlerei und Schlemmerei bei jeder erdenklichen Gelegenheit, insbesondere bei der Loszählung der Lehrburschen, beim Meisterwerden, beim Eintreffen fremder Gesellen (Handwerkscollationen, Abend- und Ausschenken), ferner die schrecklichen Unsitten des „Scheltens", d. h. Unehrlich-Erklärens aus einem oft ganz thörichten Grunde (wegen Tödten eines Thieres), des Aufstehens der Gesellen, d. h. der ersten Form eines Strike, des Auftreibens d. h. Verfolgung eines „Gescholtenen" bei allen anderen Zünften, soweit eine Verbindung mit ihnen bestand, — endlich das lächerlich übertriebene Ceremoniell, die „läppischen Redensarten", die bei festlichen Gelegenheiten oder bei Ankunft und Abreise gesprochen werden mussten[1]), den bekannten „blauen Montag" u. dgl. d) Coalitionen, Verabredungen der Gewerbsleute wegen Feststellung von Preisminimis, Verweigerungen von Reparaturen, Fortsetzung von anderen begonnenen Arbeiten.

Gegen alle diese Missstände hatten sich schon grossentheils die Reichspolizeiordnungen des 16. Jahrhunderts gewendet[2]), die Landesgesetzgebung Oesterreich's folgte nach, indem sie diese Missbräuche theils ganz verbot, theils so viel als möglich einschränkte — freilich kaum mit grossem Erfolg; dies sehen wir daraus, dass trotz der vielen und oft wiederholten Verordnungen der Regenten bis Karl VI. doch in der allgemeinen Handwerksordnung derselben neuerdings die Abstellung dieser Dinge u. z. im Detail fast aller dieser Punkte angeordnet werden musste.

3. Bestimmungen darüber, ob und inwieweit die Zünfte das Recht der Geschlossenheit hätten und weitere Bestimmungen über die vom Zunftzwang befreiten Handwerker, die Hofbefreite (Freimeister) genannt wurden, und denen sich am Schluss dieser Periode noch eine zweite unten näher zu erwähnende Gruppe in den mit „Schutzbefugnissen" Versehenen (später „Decreter" genannt) anschliesst. In ersterer Rücksicht, bezüglich der „Geschlossenheit", ist insbesondere ausgesprochen in der obenerwähnten Handwerksordnung Leopolds von 1689 (Codex Aust. 2. unter: Handwerker- und Künstler-Missbräuch-Abstellung) zu dem gravamen 17, „dass theils Zechen und Handwerke in ihren privilegiis haben, es auch zum Theil noch praetendiren, dass deren eine gewisze Anzahl seyn und auszer derselben keine weiteren zugelassen werden sollten . . . . obwohlen bei etzlichen Handwerkern, deren man nicht so viel oder so oft vonnöthen . . . bisweilen gut ist, dass die Anzahl restringirt und

---

[1]) Ueber alle diese Missbräuche vgl. Mascher, Das deutsche Gewerbewesen 1866. S. 338, 343 ff.

[2]) Gerstlacher, Teutsche Reichsgesetze. Bd. IX.

dahin gesehen werde, die Städte mit anderen, dem gemeinen Wesen nützlicheren Leuten zu erfüllen, solches **allerzeit in arbitrio eines jeden Magistrates und Obrigkeit verbleiben solle**, nach denen veränderlichen Zeiten und Umbständen die Anzahl zu vermehren oder zu mindern, **damit denen monopoliis kein Platz eingeraumbt wird**".

Man sieht aus dieser mehr unklar klingenden als wirklich schwankenden Entscheidung, die es in kluger Vorsicht, um ja kein Präjudiz zu schaffen, den Obrigkeiten, also den Organen der absoluten Staatsgewalt überlässt, von Fall zu Fall zu entscheiden, dass man keineswegs der Zunft zu viel Recht einräumen wollte. Ihr Privileg wurde möglichst einschränkend interpretirt und überdies wendete sich der absolute Staat, seiner merkantilistischen Staatspraxis gemäss, stets gegen das Monopolbestreben der Einzelnen oder der Körperschaften.

Was nun die **Hofbefreiten** betrifft, so waren dies Handwerker, die durch besonderes Privileg von dem Zunftverband, in der Regel auch von den (Steuer-) Leistungen der übrigen Handwerker befreit waren; im übrigen waren sie gleichgestellt: sie hatten das Recht zur Aufnahme von Lehrjungen und Gesellen, zur Ausübung des Gewerbes ohne Erwerbung des Bürgerrechtes, blos gegen Entrichtung eines jährlichen Schutzgeldes[1]). Auf diese Weise wurden in der späteren Zeit Akatholiken, die ja nicht in die Zünfte aufgenommen werden konnten, zum Gewerbebetriebe zugelassen. Betreffs der Hofbefreiten existiren verschiedene Bestimmungen, insbesondere nach der Verordnung von 1660 für Wien (wiederholt 1661), u. z. wird zunächst der Grundsatz aufgestellt, dass die Hofbefreiung mit dem Tode des Monarchen erlösche; dann sollen keine neuen Hofbefreiungen ertheilt werden, weil natürlich die zünftigen Handwerker viel Klagen und Beschwerden erhoben hatten; in einzelnen Gewerben (Gewandschneidern und Eysslern) werden sogar die bestehenden Hoffreiheiten kassirt, jedoch der Rechtsstandpunkt mit dem Zusatz gewahrt: „... wobei jedoch Ihre Kais. Majestät Ihro gleichwol freie und offene Hand in allweg vorbehalten haben wollen, einen oder anderen vorkommenden sonderbaren Künstler oder auch andere dero getreue Bediente und emeritirte Personen mit Hoff- und landesfürstlichen Freyheiten nach Beschaffenheit

---

[1]) Als ersten Fall einer Hofbefreiung erwähnt Gigl, Geschichte der Wiener Marktordnungen — ein von Elisabeth, Kaiser Max II. Tochter, einem gewissen Domenigo Barchino im Jahre 1583 ertheiltes Privileg. — Wenn dies eine eigentliche Hofbefreiung war, so stand dies Recht auch Mitgliedern der Familie der Monarchen zu; später erfolgten die Hofbefreiungen auch durch die Hofkanzlei.

Die Handwerksjuristen des 17. Jahrhunderts (Struve, Beier) vindicirten von ihrem Standpunkte dem Landesherrn immer das Recht „Freimeister" anzustellen, ausser wenn dies ausdrücklich in dem der Zunft gegebenen Privilegium ausgeschlossen wäre. — Vgl. über die Hofbefreiten auch Kopetz, Allgemeine österreichische Gewerbegesetzkunde 1829. I, 99.

der Sachen zu begnadigen". Ferner will seine Majestät „denen von Wien" aufgetragen haben, den entlassenen Hofbefreiten das Bürgerrecht zu ertheilen und sie in die Zünfte aufzunehmen, ohne dass sie „mit beschwerlichen und schädlichen Conditionen gravirt werden". Alle Hofbefreite müssen im Auftragsfall dem Hofe, wenn er Wien verlässt, folgen; die von dem Kaiser selbst Privilegirten können ihr Gewerbe in Wien inzwischen weiter betreiben lassen, die blos durch die Hofkanzlei mit Freiheiten Versehenen müssen ihren Laden in Wien bis zur Rückkehr des Hofes sperren. Ferner sollen Hofbefreite nicht zugleich Bürger sein, wirkliche Hof- und Kammerbediente können ihr Gewerbe auch ohne Hofbefreiung treiben. Endlich heisst es: Hoffreiheiten „expiriren durch den Tod und extendiren nicht auf die Erben".

Die Verleihung von „Hofffreiheiten", wenn sich dieselbe auch nur auf Wien erstreckte, war der erste Durchbruch der Zunftrechte; ein zweiter geschah später, zu Beginn des 18. Jahrhundert, durch die den damals in Oesterreich aufkommenden Fabriken ertheilten Befugnisse ganz spezieller Privilegien, den sogenannten „Privativa", durch welche die Fabriken vom Handwerke und der Zunftverfassung möglichst unabhängig gemacht werden sollten[1]). Die Fabrikanten erhielten nun unter Joseph I. (seit 1705) und seinen Nachfolgern grosse Privilegien: Steuerfreiheit des Unternehmens, Militärfreiheit der Arbeiter und Lehrlinge, Schutz ihres Glaubensbekenntnisses (sie waren meist protestantisch) in jeder Hinsicht, selbst Staatsvorschüsse ... kurz: man that in dieser späteren Epoche Alles, um die Fabrikation in Flor zu bringen.

Die zweite Reihe von Verordnungen umfasst jene Bestimmungen, die sich nicht auf Zunftwesen und Zunftrecht beziehen. Sie können eingetheilt werden in

1. Bestimmungen über die im Interesse des Gemeinwohls für nöthig erachteten Preistaxen und Lohnsatzungen, erstere zunächst für Lebensmittel und unumgänglichste Bedarfsartikel. Solche Preistaxen giebt es eine Unzahl; Leopold fasste sie 1689 in einer Taxordnung zusammen, die eine grosse Reihe von Waaren aufzählt. Sie waren wohl oft hervorgerufen durch Klagen über unmässige Preise der Zunftmeister, die ihr Monopol nach Möglichkeit auszunutzen suchten. Die Taglohnsatzungen wurden meist veranlasst durch überspannte Lohnansprüche der Gesellen, sobald Mangel an Arbeitskräften war. Alle diese Bestimmungen wurden natürlich vielfach umgangen und missachtet, sie erlangten nie grosse Bedeutung[2]).

---

[1]) Reschauer a. a. O. S. 5 erwähnt als das erste Beispiel der Gewährung solcher privativa die Errichtung der Fabrik eines gewissen Adam Jgnatz Höger im Jahre 1709; dieselbe befasste sich damit, Oel aus Traubenkernen zu pressen.
[2]) Eigentlich werden sie nur als Nothmittel betrachtet, daher es vorkommt, dass mit Feststellung solcher Taxen gedroht wird: (Verordnung Leopolds von 1673) „... Handwerker und Handelsleut' sollen ihre Waaren

2. Die Bestimmungen über **die ausser dem Zunftverbande stehenden Handwerker**. Diese wurden im Anschlusse an die „Zunftgeschlossenheit" bereits besprochen.

3. Bestimmungen rücksichtlich **Verbote, den Import von Waaren, Export von Rohprodukten betreffend**; sie gehören der Handelspolitik an, haben jedoch hier und da einen innigen Zusammenhang mit der beabsichtigten Hebung eines besonderen Gewerbes.

Die letzteren Bestimmungen, so unklar und inkonsequent sie im Einzelnen sind, so wenig sie im Ganzen durchgeführt wurden und durchgeführt werden konnten, sind der Anfang einer merkantilistischen Zollpolitik. Von Bedeutung erscheint insbesondere schon das Edikt vom 27. Januar 1659 für das Reich, das unter dem 9. Dezember 1673, 20. September 1674 für Oesterreich repetirt, endlich als Reichs-Edikt[1]) vom 7. Mai 1676 „wegen Verbiet- und Abschaffung der französischen Waaren" publizirt wurde. Dasselbe verbietet die „Hereinführung aller und jeder französischen Waaren und Manufacturen und zwar in specie des Brocat und sonst allerhand Sorten Zeugh, geblumt, gestreift oder glatt"; es folgen nun eine grosse Zahl von Stoffen und Luxusartikeln aller Art, deren Einfuhr und Verkauf durchwegs und ausnahmslos untersagt wird. Die bisherigen Vorräthe sollen noch verkauft werden dürfen, wozu den Einheimischen eine Jahresfrist, den Fremden nur die Frist von 2 Monaten verstattet wird, nach Ablauf dieser Frist soll gegen jeden Uebertreter „mit würklicher Confiscation verfahren werden". Zum Schlusse folgen noch einige Vorschriften über die Behandlung der Waaren an der Grenze und die Veräusserung der konfiscirten Stücke. Roscher[2]) behauptet zwar, dieses Verbot habe mehr einen kriegerischen als volkswirthschaftlichen Zweck gehabt und beruft sich dabei auf Laspeyres, der denselben Satz bezüglich eines ähnlichen Einfuhrverbotes der Niederlande aufstellt. Allein es wäre doch schwer zu erweisen, dass diese zahlreichen Verbote, die zum Theil auch zur Zeit tiefsten Friedens erfolgten, nur den Kriegszweck im Auge gehabt haben; vielmehr lässt sich eben darin auch schon der beginnende Merkantilismus erkennen, und, wie wir weiter unten sehen werden, ist es schon im 17. Jahrhundert, insbesondere gegen Ende desselben, einer der Hauptpunkte der nationalökonomischen Theorie, die Einfuhr des Auslandes möglichst einzudämmen, um dadurch die inländische Produktion zu ermöglichen und zu fördern.

---

und ihre Handarbeit nicht überschätzen, damit Wir auch ihnen eine gewisse Taxe zu geben und die allzugrosze Ueberschätzung ex officio abzustellen, keine Ursach haben". (Codex Austr: Taglohnsatzung. 2. Abs.)

[1]) Vgl. Gerstlacher, Handbuch der teutschen Reichsgesetze. Bd. 9, pag. 1404. Cod. Austr. II. 374 unter „Französischer Waaren-Abstellung".
[2]) In Hildebrand's Jahrbüchern. II, S. 36.

II.

Die Massregeln zur Hebung der Gewerbe am Ende des 17. Jahrhunderts.

Wir sind mit der knappen Schilderung der Gewerbegesetzgebung jener Zeit in Oesterreich zu Ende. Sie bietet im Allgemeinen wenigstens bis zur zweiten Hälfte des 17. Jahrhunderts durchaus nicht das Bild einer energischen, reformatorischen Gesetzgebung; wenn auch einzelne Punkte darauf hinweisen, dass ein Bestreben, dem düsteren Zustande des Handels und der Gewerbe, wie er nun schon seit vielen Jahrzehnten herrschte, zum Theil seit dem Beginn des 16. Jahrhunderts, abzuhelfen, zu Grunde liegt, so zeigt das Ganze nicht jenen so nothwendig kraftvollen Zug, der, das Alte, Morsche niederreissend, dem Volkswohlstande neue Wege bahnt.

Aber nun tritt — etwa mit den sechziger Jahren des 17. Jahrhunderts — bald nach dem Regierungsantritte Leopold I., eine neue Erscheinung zu Tage: Man wird sich immer klarer des elenden Zustandes der Volkswirthschaft bewusst, man sucht und ringt nach Mitteln der Abhilfe, die zunächst in den Theorien des von Frankreich ausgehenden, jetzt sich auch in Deutschland Durchbruch verschaffenden Merkantilismus erblickt werden[1].

Der erste Schritt geschieht durch Errichtung eines Commerciencollegiums in Wien Ende 1665 oder Anfang 1666. Die „vornehmste Verrichtung" dieses Collegii soll sein, „dasz sie sich des Zustandts und der Beschaffenheit Handels und Wandels roher Wahren und Manufakturen, so hinein als hinausz gehend, in den kays. Erblanden erkündigen, die Ursachen derer Auff- und Abnehmen gründlich erforschen, den Lauff und Veränderung des Preisses und der Consumption der Güter auffmercken und auff alle und jede so inn als ausländisch Handels-

---

[1] Vgl. Inama-Sternegg, Ueber Philipp Wilhelm v. Hornigk in Conrads Jahrbüchern, II. Bd. S. 194 ff.

und Handwercksleute der Compagnien und Zünnfften ein wachendes Auge haben, und inquiriren, damit die schädlichen Monopolia, Polypolia und Propolia abgeschafft und die Commercien Land und Leuthen zum besten in besseren Standt und Flor gesetzt und darinnen erhalten werden"[1]). Als besondere Aufgabe liegt dem Kollegium noch ob: zu achten, dass das Geld im Lande bleibe, die fremden Manufakturen im Lande verarbeitet werden, die rohen Waaren nicht aus dem Lande gehen, dass Waaren, die aus dem Auslande nothwendigerweise hereingebracht werden müssen, möglichst wohlfeil und nicht erst aus dritter und vierter Hand den Unterthanen verschafft werden; dass die Rohwaaren aus der Fremde möglichst gegen heimische eingetauscht werden; desgleichen soll auf den Zustand der Kommerzien in anderen Ländern und Orten Acht gegeben, Information mit vornehmen Handelsleuten gepflegt werden (sozusagen Einrichtung von Konsulaten), die Kaufhäuser und Niederlagen gefördert, Banken und Werkhäuser errichtet, endlich auf Einrichtung und Privilegirung von Kompagnien zur Beförderung des Handels und der Manufakturen hingewirkt werden; in Bezug auf den letzten Punkt werden noch besondere Instruktionen gegeben. Dies sind im Wesentlichen die projektirten Funktionen des Kommerzienkollegiums. Dass der ganze Plan desselben aus der Initiative des Kaisers oder der leitenden Staatsmänner hervorgieng, ist nicht anzunehmen; es kann im Gegentheile aus einzelnen Stellen der Instruktion entnommen werden, dass er über Rath und Einfluss eines Mannes erfolgte, der damals in Angelegenheiten der Privilegirung einer bayrischen Seidenkompagnie in Wien weilte[2]), und nach Annahme seines Vorschlages in das Kommerzienkollegium als Rath berufen wurde, eines Mannes, der, von genialer Anlage, den Kopf voll wunderlicher, verschrobener Projekte, aber auch voll tiefbedeutsamer wirthschaftlicher Ideen, der österreichischen Wirthschaftspolitik für die nächste Zeit ihr besonderes Gepräge gab.

Dieser Mann ist Johannes Joachim Becher. Sein Lebenslauf[3]) ist interessant genug, dabei von Wichtigkeit für die ganze Charakteristik dieses Mannes, wie insbesondere für das Unternehmen, mit dem sich die gegenwärtige Abhandlung beschäftigt, dass wir an dieser Stelle Einiges hierüber mittheilen

---

[1]) Instruktion für das Kommerzienkollegium vom 22. Februar 1666, abgedruckt in J. J. Bechers politischem Discurs. Der Text dürfte authentisch sein, da dieses Aktenstück in der dem Kaiser gewidmeten Ausgabe abgedruckt wurde.
[2]) Vgl. die folgende Darstellung über J. J. Bechers Lebensschicksale.
[3]) Die Notizen über seinen Lebenslauf sind vor allem seiner Biographie: Urban Gottfried Bucher, Das Leben eines nützlichen Gelehrten in der Person des Dr. Joh. Joach. Becher, 1722, dann Roth-Scholtz, Vorrede zu Bechers „Chymischen Rosengarten", Witte's Diarium biographicum, endlich einzelnen Bemerkungen Becher's eigener Bücher und Manuscripte entnommen.

zu dürfen glauben. Er war vermuthlich 1625 zu Speyer geboren, wiewohl er sich später für jünger ausgab, so zwar, dass sein Geburtsjahr erst 1635 gewesen wäre[1]). Sein Vater, ein gelehrter protestantischer Geistlicher, scheint gleichzeitig eine Lehrstelle an einer Knabenschule innegehabt zu haben. Er starb im 37. Lebensjahre, als Becher noch in frühester Kindheit stand und liess denselben ohne Vermögen, dagegen in den traurigsten Familienverhältnissen zurück, die sich noch schlimmer gestalteten, als sich Bechers Mutter mit einem wüsten, in keiner Hinsicht zur Erziehung der hinterbliebenen Kinder sich eignenden Manne neuerdings vermählte. Da dieser auch in wenigen Jahren starb, war der junge Becher schon im 13. Lebensjahre genöthigt, nicht nur für sich, sondern auch für seine Familie zu sorgen. Er that dies mit Aufgebot aller Kräfte durch Ertheilung von Unterrichts-stunden, ohne darum seine Studien, die sich fast auf alle Wissenszweige, insbesondere Mathematik, Physik, Medizin, sodann aber auch auf Theologie, Linguistik, Jurisprudenz, Kameralistik, erstreckten, zu vernachlässigen. Seine ersten „Ehrenchargen" waren der Grad eines Doktors der Medizin, den er in Mainz erwarb, und die Stelle eines Leibmedikus des Kurfürsten Joh. Ph. von Schönborn und eines Professoris institutionum medicinae an der Mainzer Universität. Diese Stellung, wie auch seine Heirath mit der Tochter des kurmainzischen Hofrathes Ludwig v. Hörnigk, des Vaters des nachmals bekannten Kameralisten (vgl. Seite 5, Anm. 5) scheint ihn in Verbindung mit mehreren deutschen Fürsten gebracht zu haben, denen er später wirthschaftspolitische Vorschläge unterbreitete. Während er sich bis zu den sechziger Jahren fast ausschliessend literarisch mit Physik, Chemie und Linguistik beschäftigt — 1654 gibt er „Solini Selzthal Regiomontani de Lapide Trismegisto", 1660—63 die „Metallurgia", den „Oedipus Chymicus", dann die „Aphorismi ex institutionibus Medicinae", den „Parnassus medicinalis illustratus" und den „Character pro notitia linguarum universali" nebst einer grossen Zahl kleinerer Schriften heraus — scheint er sich sodann mehr staatswirthschaftlichen oder, wie der damalige Terminus lautet, kameralistischen Studien zugewendet zu haben.

Seine erste praktische wirthschaftspolitische Thätigkeit, die uns aktenmässig erwiesen ist, fällt in das Jahr 1664. In diesem Jahre zieht ihn der Kurfürst von der Pfalz Karl Ludwig zu Rathe wegen **Einrichtung von Manufakturen** und Beschaffung fremder Handwerker für die Stadt Mannheim; es

---

[1]) In der Vorrede zu seiner „Methodus didactica" (1667), in der er versichert, er sei erst 32 Jahre alt. — Witte, Diarium biographicum, tom. II. behauptet, er sei 1685 im Alter von 60 Jahren gestorben; ein gewisser Friedrich Heym, sächs.-gothaisch. Ober-Berginspektor, der ihn in seinen letzten Lebensjahren kannte und seine Biographie schreiben wollte, theilt in einem Briefe an den Herausgeber des „Chymischen Rosengarten" Roth-Scholtz mit, Becher sei 1682, gegen 60 Jahre alt, gestorben.

kommt ein Vertrag (ddo. 26. März) zu Stande, wonach sich Becher anheischig macht, zur Errichtung einer Glashütte einen „guten Meister", ferner einen Wollenwirker, Seiden- und Leinenweber herzuschaffen, eine „Lederbereiterey" einzurichten, einen Papiermüller kommen zu lassen, eine Hammer-, Schleif-, Polier-, Seeg- und Walckmühle zu bauen, Maulbeerbäume zu pflanzen und Seidenzucht zu betreiben, wogegen sich der Kurfürst verpflichtet, alles, was Becher für nützlich und rathsam erachten würde, genehm zu halten und ihm überdies für die Durchführung jedes einzelnen Werkes eine entsprechende ziffermässig festgesetzte Entlohnung zusagt. Das Unternehmen kam nicht zu Stande, da Becher wenige Monate später die Pfalz verlässt und am kurbayrischen Hofe in München erscheint — wie er behauptet, als Leibarzt hinberufen — um dort gleichfalls Vorschläge zur Hebung der Volkswirthschaft zu machen. Sein Gönner soll der bayrische Geheimrath und Obersthofmeister Egon von Fürstenberg gewesen sein. Am 18. Juni 1664 überreicht er ein „unvorgreiffliches Bedenken wegen Auffnehmen der Commercien-Sachen", in welchem er zum ersten Male ein ziemlich vollständiges wirthschaftliches Programm aufstellt.

Dasselbe enthält im wesentlichen folgende Punkte: Das Geld sei möglichst im Lande zu behalten, die Auflagen (Imposten) mehr auf aus dem Lande gehende als hereinkommende Waaren zu legen, dabei stets mehr auf Rohwaare als auf verarbeitete; die Waaren seien möglichst ohne Unterkäufer und Makler einzukaufen, dabei müsste seitens der einheimischen Bevölkerung immer den inländischen Waaren der Vorzug vor den fremden gegeben werden; man solle die Konsumption stets im Auge behalten, daher „Uebersetzung" bei Handelsleuten, allzugrosse Populirung einer Stadt meiden, darum auch sollen die Zünfte erhalten bleiben, doch entsprechend reformirt, die Missbräuche abgeschafft werden; endlich solle man sich mit dem geringsten Gewinn begnügen und „das publicum Interesse immer dem privato vorziehen". Als spezielle Massregeln führt er sodann an: Regulirung und Reform des Münzwesens durch Gleichartigkeit, Vollwichtigkeit der Münze (befürwortet jedoch einen $5^0/_0$igen Schlagschatz zur Verhütung der Ausfuhr des Geldes), Aufrichtung einer Landes-Wechselbank zum Umtausch des in- und ausländischen Geldes und zur Regelung des gesammten Münzwesens; sodann Errichtung eines Kaufhauses zur möglichst reichlichen direkten und billigen Beschaffung von Rohstoffen, die im Inlande verarbeitet werden sollen, eines Werkhauses, in dem die Bettelleute und Vagabunden zur Arbeit angehalten und in neu einzurichtenden Manufakturen verwendet werden sollen; endlich Fundirung eines Kommerzien-Rathes als beaufsichtigende und leitende Behörde, deren Deputirten die Leitung der einzelnen obengenannten Institute obläge.

Der Kurfürst, dem Bechers Vorschläge, insbesondere die

Einrichtung eines Kaufhauses und dadurch Einführung zahlreicher Manufakturen gut gefielen, wollte dieselben alsbald in Ausführung bringen lassen; er veranstaltete aber vorher noch eine Art Enquete unter den heimischen Kaufleuten, die sich jedoch sehr ablehnend gegen das Projekt verhielten. Da Becher aber die dadurch erregten Bedenken durch den Hinweis auf die nothgedrungen parteiische Haltung der Kaufleute, deren Interesse zum Theil geschädigt werde, zu beseitigen wusste, beschloss der Kurfürst mit Hilfe fremder, insbesondere holländischer und brabantischer Kaufleute, die Sache ins Werk zu setzen und vorerst eine „bayrische Negotien-Companie" zu begründen, die mit der Durchführung betraut und entsprechend privilegirt werden sollte. Becher reiste nach den Niederlanden und Brabant, konferirte mit mehreren reichen und massgebenden Kaufherren in Amsterdam und Antwerpen, von denen einer, Martin Elers, das Ganze übernehmen und einrichten zu wollen erklärte. Die Sache gedieh jedoch nur soweit, dass ein Statut für die Kompagnie ausgearbeitet wurde, das der Kurfürst auch bestätigte; dann gerieth das Werk jedoch ins Stocken, wie Becher selbst berichtet, „da diese Privilegia vor einen Anfang gar zu universal und zu schwehr ins Werk zu richten". Er nahm daher zunächst nur die Seidenmanufaktur in die Hand, brachte einen tüchtigen Seidenweber zur Einrichtung von Antwerpen nach München und konstituirte eine Seidenkompagnie, die alsbald privilegirt wurde und ihn nach Wien entsendete (10. Januar 1666), um die nöthigen Verbindungen mit den kaiserlichen Erblanden des zu hoffenden Konsumes wegen anzuknüpfen.

So kam Becher im Januar 1666 nach Wien. Ausser dem erwähnten Auftrage hatte er aber noch eine zweite Mission, nämlich Unterhandlungen wegen Errichtung einer „Oriental-Compagnie" zu pflegen und sollte zu diesem Behufe mit dem Pater Rochas (Rojas), Bischof zu Stephanien und dem kaiserlichen Hofkammerpräsidenten in Verbindung treten. Rojas, ein spanischer Franziskaner, hatte schon vor einigen Jahren das Projekt deutscher Kolonien in Indien propagirt und dessentwegen (ob vielleicht in kirchlichem Auftrage, bleibt dahingestellt) Reisen an verschiedene deutsche Höfe und auch nach Spanien unternommen;[1] die Sache war aber immer noch nicht in rechten Gang gekommen und es ist nicht ausgeschlossen, dass der an seinen Plänen hartnäckig festhaltende Bischof, der wohl als Gesandter am bayrischen Hofe Becher kennen gelernt und in ihm einen eifrigen Projektenmacher erkannt hatte, diesen nach Wien und in das Kommerzienkollegium brachte, um ihn dann für seine Pläne zu gewinnen und zu benützen. Thatsache ist das Eine, dass Becher nach wenigen Wochen — unter dem 22. Fe-

---

[1] Vgl. Inama a. a. O. S. 196. — Commercien-Tractat. S. 911 ff. Rojas war nur Bischof in partibus und hatte als Beichtvater am kaiserlichen Hofe sein ständiges Domizil in Wien.

bruar — in das Kommerzienkollegium als Rath berufen wird, das erst nach seinen, Bechers, Angaben und Rathschlägen neu fundirt werden sollte, dessen Amtsinstruktion, die wir oben mitgetheilt haben, wohl zuversichtlich Becher, wie er auch selbst behauptet, ausgearbeitet haben dürfte.

Interessant ist, dass, wie sich aus all den vorliegenden, von Becher in seinem „Commercientractat" abgedruckten Dokumenten entnehmen lässt, diese Ernennung ohne Vorwissen des bayrischen Kurfürsten geschehen sein muss; denn auch nach dem Tage seiner Ernennung wird Becher in Briefen des Kollegiumspräsidenten, wie in kaiserlichen Handschreiben noch immer bayrischer Kommerzienrath genannt[1]). Becher scheint damals ganz von Rojas und dem österreichischen Hofe gewonnen zu sein, er lässt daher auch den Plan, zu dessen Durchführung er nach Wien gekommen war — nämlich Privilegien für die neugegründete bayrische Seidenkompagnie zu erlangen — fallen, giebt seine Rathschläge den Oesterreichern und ist plötzlich — schon im Februar — vollauf beschäftigt, eine österreichische Seidenkompagnie zu gründen, deren Interesse pro forma mit dem der bayrischen in Einklang gebracht werden sollte. Der Kaiser schickt Becher daher, der eine vermittelnde Instruktion vom Bischof Rojas erhalten hatte, nach Bayern, um die Sache zum Austrag zu bringen und ertheilt ihm überdies den Auftrag, wie einem Schreiben des Kurfürsten von Bayern an Becher zu entnehmen ist, mit der ostindischen Kompagnie in Holland — offenbar wegen der Kolonialfrage — Unterhandlungen anzuknüpfen.

So reist denn Becher am 1. März nach München zurück und erstattet der bayrischen Seidenkompagnie eine sehr nichtssagende Relation, aus der man in München gleich entnahm, dass Becher eigentlich sehr wenig oder nichts für die bayrische Sache gethan, vielmehr nur für Fundirung und Förderung einer österreichischen Konkurrenzkompagnie thätig gewesen war. Begreiflicherweise war man hierüber sehr entrüstet, bedrohte ihn, verfolgte ihn sogar, indem man seine Seidenbandmühle nächtlicher Weile zerschlug, und verlangte vom Kurfürsten, er möge nicht früher weggelassen werden, bis er das Interesse der bayrischen Kompagnie besser gewahrt und derselben einen Antheil an dem österreichischen Unternehmen gesichert hätte. Wie sich Becher mit der bayrischen Kompagnie abgefunden hat, ist nicht festzustellen; sicher ist aber — und das geht aus seinen Relationen an das Kommerzienkollegium hervor — dass er sich die ihm in Wien ertheilten Aufträge angelegen sein liess und insbesondere der „Incaminirung" der Seidenmanufaktur wegen eine Reihe

---

[1]) Selbst in einem Schreiben des bayrischen Obersthofmeisters Fürsten von Fürstenberg vom 15. Sept. 1681 heisst es noch: „Ihro Churfürstl. Durchlaucht werden sich erfreuen, wann einige erspriessliche Dienste durch einen der Ihrigen Ihro Kais. Maj. geleistet werden".

kundiger Personen, so insbesondere zwei Italiener, Joanelli und Bertalotti, engagirte, die schon im Juni Vorschläge wegen „Aufrichtung" der Kompagnie erstatten; dass er ferner einen tüchtigen Seidenzwirner aus den Niederlanden, einen Färber aus Venedig, dann das nöthige Hülfspersonal für beide, im Ganzen 9 Personen aufnahm und dieselben bei seiner wahrscheinlich im Juni erfolgten Rückkehr nach Oesterreich, nach Walpersdorf, einem Gute des Kommerzkollegiums- und Hofkammerpräsidenten Grafen Sinzendorf, brachte, woselbst der erste Versuch der Einrichtung einer solchen Manufaktur gemacht werden sollte und in der That im Juli desselben Jahres auch gemacht wurde. Damals entstanden die ersten Misshelligkeiten zwischen Becher und dem Grafen Sinzendorf, die jedoch bald beigelegt wurden; die Einleitung der ganzen Seidenmanufakturangelegenheit und der erste Betrieb derselben scheint in Wien Zufriedenheit gefunden zu haben, da Becher im September ein „Recompensversprechen" erhält.

Von diesem Zeitpunkt an findet sich jedoch lange kein Aktenstück, Becher selbst betreffend, wiewohl zwei Jahre später, Dezember 1668, die „seydene Fabrica und Manufactur" des Grafen Sinzendorf privilegirt, und noch später, Mai 1669, ein neues Patent betreffend die Seidenkompagnie und die Betheiligung an derselben ergeht. Offenbar waren wieder Streitigkeiten entstanden, die Becher nöthigten, sich zurückzuziehen oder gar Wien auf eine Zeit zu verlassen. Im Jahre 1668 aber war Bechers nationalökonomisches Hauptwerk erschienen, der „politische Discurs von den eigentlichen Ursachen des Auf- und Abnehmens der Städte, Länder und Republiken, in specie wie ein Land volckreich und nahrhaft zu machen und in eine rechte Societatem civilem zu bringen", oder wie es später häufig genannt wird, der „Commercientractat". Wiewohl Becher das Werk dem Grafen Sinzendorf widmet und dieser die Widmung in einem freundlichen Schreiben (Juli 1668) entgegennimmt, scheinen doch bald wieder die alten Zwistigkeiten begonnen zu haben, und Becher dürfte nun zuversichtlich Wien verlassen haben, zumal von seinen Projekten bisher noch nichts ordentlich durchgeführt worden war und auch das Kommerzienkollegium, die ersten Monate vielleicht ausgenommen, nicht funktionirt hatte.

Wohin er von Wien damals gieng, ob er einem Rufe ins Ausland folgte oder blos flüchtete, ist schwer festzustellen; aus der zweiten Auflage des Politischen Discurses (1672), die alle bezüglichen bayrischen und österreichischen, wie auch manche andere interessante und für die damalige Wirthschaftsgeschichte wichtige Aktenstücke enthält, geht nur hervor, dass er im Juni bis zum August oder September 1669 im Auftrage des Grafen von Hanau thätig war, für denselben eine Reise nach Holland unternahm, um daselbst mit der westindischen Kompagnie wegen Erwerbung einer „hochteutschen" Kolonie in Westindien zu unterhandeln. Diese Idee war, wie wir oben erörtert haben, keine neue; schon 1666 und früher hatte Becher — damals im kurbayrischen Auftrage — ähnliche Unterhandlungen mit der ostindischen Kompagnie eingeleitet. Man kam aber damals so wenig wie jetzt zu einem praktischen Erfolge, wiewohl ein förmlicher Vertrag zwischen der privilegirten westindischen Kompagnie der Kammer Amsterdam und Friedrich Casimir von Hanau zu Stande kam, in welchem letzterer von der Kompagnie in dem Namen der Generalstaaten einen Strich Landes in Südamerika zwischen dem Orinoco und dem Amazonenstrom, dreissig holländische Meilen längst des Meeres und hundert Meilen landwärts nach beliebiger Auswahl unter der Bedingung des Anbaues dieses Landes binnen 12 Jahren als Lehen übernahm, volles Hoheitsrecht und Recht, Unterlehen zu vergeben nebst der Versicherung des Schutzes erhielt, hingegen sich verpflichtete, von einer „Generalauflag" von $12^{1}/_{2}$ Prozent des Ertrages der Kolonien 5 der Kompagnie abzugeben. Auch Becher erhält bei dieser Gelegenheit ein Unterlehen, die Herrschaft Aperwacke, 3 Meilen längst des Strandes und 5 Meilen bis zum Gebirge Comairo, $4^{1}/_{2}$ Grad nördlich vom Aequator; der Graf von Hanau aber tritt die von der westindischen Kompagnie erworbenen Rechte an eine „hochteutsche westindische Compagnie", deren Fundirung sofort in Angriff genommen wurde, ab und sucht bei dem Kaiser um die Privilegirung dieser Kompagnie an, was aber, wie Becher erzählt, von den Feinden des Grafen hintertrieben wurde. Becher kehrte nun vermuthlich noch 1669 nach München zurück, wo er neben verschiedenen gelehrten Arbeiten — er schrieb damals sein hervorragendstes naturwissenschaftliches Werk, die „Physica subterranea" — die Kolonialangelegenheiten weiter verfolgte, u. a. einen Aufruf an Alle, die sich in der neuzugründenden Kolonie niederlassen wollten, ergehen liess, mit Einigen, so auch mit einem gewissen Grafen Bertucy bezügliche Verträge abschloss (April 1670). Wenige Monate später aber nimmt er wieder das alte Projekt der Introduzirung neuer Manufakturen, insbesondere der Seidenindustrie, auf.

Im August 1670 ist Becher auf Einladung des Hofkammerpräsidenten, der ihm die Versicherung gab, dass die früheren Differenzen völlig beigelegt seien, wieder in Wien, nimmt sofort wieder seine Funktion als Kommerzienrath auf und referirt an das Kollegium über Aufnahme der Manufakturen, insbesondere des Seidengeschäftes, durch eine österreichische Kompagnie, die überall auf den Märkten ihre Niederlagen und Vertreter haben, über entsprechendes Kapital verfügen und mit fremden Negotianten in Verbindung treten müsste. Den Direktoren der noch existirenden kaiserlichen privilegirten Seidenkompagnie werden die Fragen vorgelegt: 1. Ob sie noch Kapitalien annehmen und sicher stellen und verzinsen wollen?

2. Ob jeder In- und Ausländer zur Seidenmanufaktur berechtigt sein sollte, wenn er sich der Kompagnie inkorporiren liesse? 3. Was die Kompagnie gegenwärtig an Waaren herstelle, und ob sie sich getraue, jährlich für 100 000 bis 200 000 Thaler Waaren zu liefern; ob sie sich deshalb mit fremden Negotianten einlassen wolle? 4. Ob die Direktoren zur Effektuirung und Beschaffung der Verleger, der Gelder und der Konsumption Jemand bevollmächtigen wollten? Die Direktoren Barthelotty und Mittermayer äussern sich nicht gerade ablehnend, weisen auf ihre Privilegien hin, erbieten sich jedoch, Kapitaleinleger aufzunehmen und die benöthigte Seide zu liefern. Es sollte nun das ganze Projekt sammt den Gutachten dem Kommerzienkollegium vorgelegt werden; allein wir entnehmen keiner Mittheilung Bechers oder keinem sonstigen Aktenstücke, dass dies wirklich geschehen sei; vermuthlich trat das Kollegium, das nach einer späteren Klage Bechers überhaupt so selten einberufen wurde, gerade in der nächsten Zeit nicht mehr zusammen, und die Sache gerieth dadurch n Vergessenheit.

Becher wandte sich aber jetzt einem neuen Projekte zu, der Errichtung einer Kompagnie zum Handel nach Holland, insbesondere mit Weinen, Branntwein und verschiedenen anderen Rohprodukten. In einem Referat an den Hofkammerpräsidenten vom 18. November 1670 setzt er die Wahrscheinlichkeit eines guten Erfolges bei diesem Handel auseinander und erbietet sich, nach Holland 10 000 Stück Branntwein, das Stück zu 100 fl., für 500 000 fl. österreichische und ungarische Weine, für 300 000 fl. Eisen, Stahl, Messing und andere Metalle, für 200 000 fl. Leder, Häute, Wolle und Leinwand, im Ganzen also für 2 000 000 fl. Waaren dahin zu verkaufen. April 1671 wird auch in der That Becher nach Holland geschickt, um „das gantze Negotium zu incaminiren". Becher reiste auch im Mai nach Holland, nachdem er noch vorher mit dem Bischof Kollonitz wegen Errichtung eines Zucht- und Arbeitshauses für vagabundirende Personen, und Einrichtung von Manufakturen in demselben einen Vertrag abgeschlossen; in München versicherte er sich zuvor, dass ihm nicht neue Feindseligkeiten drohen, wurde auch daselbst „gut tractiret". Bei seiner Rückkehr relationirte er (September 1671): die Weine, die auf dem Landwege nach Holland gesendet worden waren (50 Eimer), seien ziemlich unversehrt angekommen und hätten nach einiger Zeit, nachdem sie sich geklärt, vortrefflich gemundet; der Absatz grösserer Parthien sei sehr wahrscheinlich, überhaupt die Nachfrage eine sehr grosse u. z. um so mehr, als gegen die französischen Weine ein Sperrverbot erlassen worden sei. Zugleich macht er eine Proposition im Namen holländischer Kaufleute, die eine Kompagnie zum Zwecke des Seehandels in den österreichischen Häfen an der Adria (insbesondere St. Veit am Flamm)[1] gründen wollten.

---

[1] Favum St. Viti ad flumen, die Hafenstadt Fiume.

Gleichzeitig relationirt er auch über eine andere Angelegenheit, deren Ordnung ihm auch aufgetragen worden war: die Aufnahme eines Anlehens für den Kaiser in der nach damaligen Begriffen gewiss bedeutenden Höhe von einer Million Reichsthaler, das er in Holland hatte aufbringen sollen.

Aus jener Zeit stammt auch ein Projekt über Herstellung einer Wasserstrasse nach Holland durch Vereinigung der Wernitz und Tauber, somit der Donau mit dem Rhein, von Donauwörth nach dem unteren Main, das jedenfalls sehr interessant und beachtenswerth für die Pläne Bechers erscheint. Und ausser allen seinen Geschäften für Oesterreich betrieb er aber noch Unterhandlungen im Auftrage des spanischen Gesandten in Wien mit Holland, betreffend die spanische Wolle und Fundirung des Wollhandels und verschiedener Wollindustrien.

So zeigt sich, dass **Becher wirklich vielseitig im Interesse des „Aufnehmens" des österreichischen Handels und der österreichischen Manufaktur** thätig gewesen, dass er eine nicht geringe Zahl von Projekten aller Art entworfen und vorgelegt hat; gleichwohl ist keines von allen diesen zu Stande gekommen und wenn auch hie und da ein Anlauf genommen wurde, um zur Realisirung des einen oder anderen zu schreiten, so traten bald hindernde Umstände aller Art dazwischen und das kaum Begonnene wurde wieder fallen gelassen. Ende 1671 klagt Becher in einem an den Hofkammerpräsidenten gerichteten Schreiben, dass man ihn bezüglich seiner letzten Relationen ganz ohne Bescheid lasse, dass hierüber die „Zeit und die gegenwärtige Gelegenheit verlaufe", die holländischen Kaufleute ungeduldig werden u. a.; ebenso dass das Kommerzienkollegium gar nicht zusammentrete und berathe, dass dadurch die Kommerzienangelegenheiten liegen bleiben u. s. w. Der Bescheid auf dieses Schreiben ist nicht bekannt, allein zu vermuthen ist so viel, dass trotz Bechers eindringlicher Mahnung die Sache doch nicht in Gang kam, so dass er sich dann wahrscheinlich zurückzog und sich, privaten Studien widmend, die zweite Auflage seines Kommerzientraktates vollendete, die alle die interessanten Akten, von denen auch hier theilweise Gebrauch gemacht wurde, enthält; das Buch, das im September 1672 erschien, widmete er dem Kaiser, wohl nicht ohne dem Gedanken, dass vielleicht nunmehr von Seite des Kaisers und des Hofes seine Pläne mehr Förderung erfahren würden.

Die beiden folgenden Jahre dürfte Becher zuversichtlich noch weiter in Wien zugebracht haben, wenn auch keine genauen und verlässlichen Daten über seine Thätigkeit in dieser Zeit vorliegen. Das erste bedeutsame Schriftstück, das sich nach dieser Zeit (vgl. Seite 4, Anm. 3) vorfindet, ist das erwähnte von ihm selbst (Mai 1674) erstattete „Referat, wie die Commercien, auch gemeiner Handel und Wandel gegenwärtig in Ihro Kays. Majest. Erblanden beschaffen, auch wie solchem durch Restabilitirung eines

Commercien-Collegii könnte geholfen werden, dass sie denen Kays. Erblanden zu Ehr und Nutzen besser florirten". In demselben zielt er vornehmlich wieder auf Errichtung oder Wiederaufrichtung des Kommerzkollegiums, dessen Aufgaben er bis ins Detail präzisirt; die wirthschaftlichen Prinzipien dieses Referates sind dieselben merkantilistischen, die ihn auch früher leiteten: Erhebung der Kommerzien und Negotien in den Erblanden, damit die im Lande erzielten Güter in die Fremde verhandelt und so das Geld aus fremden Ländern in die Erblande gezogen werde.

In der folgenden Zeit (1674 und Anfang 1675) widmete er sich nun vor Allem einem Projekte, seinem bedeutsamsten, das auch insofern über die anderen hinausragt, als es in seiner Realisirung am weitesten gedieh: jenem Projekte, mit dem die gegenwärtige Abhandlung sich zu befassen hat, dem Manufakturhause oder kayserlichem Kunst- und Werckhause. Dieses Projekt fasst sozusagen die meisten der vorhergehenden zusammen, es beabsichtigt nichts weniger als die Errichtung eines, womöglich rasch wachsenden staatlichen Gewerbsunternehmens, das zugleich als Musteranstalt und zum Theil auch als praktische Lehranstalt gedacht ist; es beschränkt sich nicht auf einen Industriezweig, sondern vereint eine Zahl theils neuer, theils darniederliegender und wenig geübter Gewerbe. Seine ganze Bedeutung und Geschichte wird die folgende Darstellung erörtern, der hier nicht vorgegriffen werden soll.

Dies zur Einleitung gegenwärtiger Abhandlung. Wenn in derselben nicht die ganzen wirthschaftlichen Verhältnisse der österreichischen Erblande mit jener Präzision und unwiderleglichen Begründung durch ein authentisches, ausreichendes, statistisches Material dargestellt werden konnten, die zur Entwerfung eines klaren, festbestimmten, wirthschaftlichen Bildes erforderlich ist, so mag dies der Thatsache zu Gute gehalten werden, dass über jene Periode österreichischer Wirthschaftsgeschichte die Quellen überaus spärlich und trübe fliessen. Wenn aber weiter zu viel Erörterung und Detailbesprechung einem Manne gewidmet erscheint, ohne dass überdies diese Detailerörterung Anspruch machen könnte, gleichzeitig eine vollständige Biographie desselben wiederzugeben, so mag dies dem Umstande zugeschrieben werden, dass in der That dieser Mann — Johannes Joachim Becher — der bedeutendste für die österreichische Wirthschaftsgeschichte jener Zeit gewesen ist, dass seiner Initiative Idee und erste Ausführung des Manufakturhauses entsprang und dass ein tieferes Eindringen in das Wesen und die Geschichte dieses interessanten Unternehmens bedingt ist durch die Kenntniss der vorhergehenden Pläne und Ideen seines Schöpfers.

GESCHICHTE
DES
MANUFAKTURHAUSES.

I.

Idee und erste Ausführung dieses Unternehmens.

Die Idee des Manufakturhauses oder, wie es ursprünglich stets genannt wurde, „des Kunst- und Werckhauses" kommt zuerst vor in Referaten und Propositionen, die Becher noch im Jahre 1674 oder Anfang 1675 dem Grafen Albrecht v. Zinzendorf, damaligem Obersthofmeister des Kaisers, erstattete. Diese Referate selbst sind uns nicht mehr erhalten, wohl aber der auf Grund derselben nach Approbation des Projektes zwischen Becher und dem Grafen abgeschlossene „Accord wegen Erbauung des Kunst- und Werckhauses"[1]). Gleich in der Einleitung desselben heisst es: „es habe D. Becher dem Grafen proponirt und demonstrirt, welchergestalt es absonderlich zu Ihrer Kayserl. Majestät Recreation und Curiosität, auch Nutzen dienen und gereichen würde, wenn Ihre Kayserliche Majestät den Engländern und Frantzosen gleich eine curiose Academy, Kunsthaus, Correspondentz mit allerhand ingeniosen Arbeiten, Experiment von vielerhand curiosen, mathematischen, chimischen Sachen und Manufacturen aufstellen liessen, wie aus gedachter Schrift mit mehrerem zu ersehen ist." — Dem Grafen handelte es sich sodann, wie aus den folgenden Einleitungssätzen des Akkords hervorgeht, zunächst um Beschaffung eines dazu nöthigen Fundus, ohne „bei diesen schwähren Zeiten die hochbenötigten Geltmittel aus der Kayserlichen Cammercassa dahin anzuwenden." Da nun Becher in einem zweiten Aufsatze darthut, dass schon durch Einführung der Farbenmanufaktur, für welchen Artikel jährlich auf die 100000 Reichsthaler ins Ausland giengen, überdies aber durch Einführung unterschiedlicher anderer Manufakturen sowohl in chimischen Sachen als in mechanicis, nämlich „Bereitung der Majolic, Verstärkung der Weine, Zeitigung der Metallen, vorteilhafter Gold- und Silberscheidungen, Wollspinnerei und Weberey in Zeugen, die bisher im Lande noch nicht bekannt seyen", ohne

---

[1]) In Beilage I abgedruckt. Das Dokument ist, wie die meisten auf die Errichtung des Hauses durch Becher bezüglichen Urkunden, einem Ms. der Hofbibliothek „Dr. Joh. Joach. Bechers, röm. Kays. Maj. Cammer-Rathes Referat wegen des kayserlichen Kunst- und Werckhauses" (ddo. 19. März 1676) entnommen.

Jemandes Präjudiz und Schaden ein sehr bedeutender Ertrag erzielt werden müsse, der in kurzer Zeit einen genügsamen Fundus schaffen würde, so war es nunmehr blos um den (gleichsam vorzuschiessenden) ersten Fundus zur Introducirung und Stabilisirung des Hauptfundus, nämlich der erwähnten Manufakturen zu thun. Der Vertrag kommt endlich zu Stande, als Becher in einem dritten Aufsatze sich erbietet, wenn der Kaiser einmal vor allemal zu diesem ersten fundo 4000 Reichsthaler herschiessen und ihm, Becher, die Anwendung derselben zur Introduzirung der besagten Manufakturen anvertrauen wolle, hiefür die Einrichtung des ganzen Werkes soweit genugsam durchzuführen, dass es dann nur der Kontinuation und eines grösseren Verlages bedürfen werde, um reichlichen Ertrag zu erzielen. Der auf Grund dieser Proposition am 21. Mai 1675 zu Stande gekommene Akkord enthält folgende Hauptpunkte:

1. Dr. Becher erhält zur blossen Einrichtung einen Verlag von 4000 Rthl. in Monatsraten von 1000 Rthl. ohne Verzinsung; was darüber jedoch von Kapital angelegt wird, könne wohl einen wöchentlichen Zins von 1000 Rth. für 17—20 000 Rth. Kapital tragen.

2. Inspektor des Unternehmens soll Graf Albrecht v. Zinzendorf sein; im Todesfalle desselben soll Becher mehrere Andere präsentiren, wovon der Kaiser einen als Inspektor bestellen würde. Die Inspektion soll sich auf den Hauptfundus erstrecken, über den stets genaue Rechnungen vorhanden sein und eventuellen Falls vorgewiesen werden müssen.

3. Direktor „solcher Manufacturen des Kunsthauses und Correspondentz in curiosis" soll Becher sein, rücksichtlich seine Erben oder die er sonst dazu nominiren würde. Sollte er oder die Seinigen das Werk nicht weiter betreiben wollen, so soll ihm und seinen Erben doch jederzeit ein Präsentationsrecht in Bezug auf die Direktorstelle verbleiben.

4. Für die Durchführung des Werkes soll Becher und die Seinigen erblich und in perpetuum den zehnten Theil des resultirenden Gewinnes erhalten, welches Vortheils sie nur im Falle eines crimen laesae majestatis verlustig erklärt werden können und bliebe dieses Recht auch haften, falls das Kunsthaus aus des Kaisers Besitz in andere Hände übergienge.

5. Als Termin zur Durchführung des Unternehmens wird die Zeit eines Jahres festgesetzt.

Ueber einige nähere Punkte, die „Ihro Majestät in dieser materie gegen Ihro Excellentz (den Grafen) und Dr. Bechern in mündlicher Audientz gnädigst placitirt haben" soll zur besseren Sicherheit noch ein Dekret erlassen werden.

Dies war der erste Vertrag Bechers bezüglich der Errichtung des Kunst- und Werckhauses. Vor Allem fällt hiebei auf, dass gleich die ersten Unterhandlungen direkt mit dem Kaiser durch den Obersthofmeister geführt wurden, wiewohl doch in solchen für die kaiserlichen Finanzen so wichtigen Dingen die Hofkammer das einzig kompetente Organ gewesen wäre. Dies würde sich jedoch daraus erklären, dass Becher, der bei der Hofkammer und deren allmächtigem Präsidenten Grafen Sinzendorf so üble Erfahrungen gemacht hatte, sich nicht mehr an denselben hätte wenden wollen und darum seine Vorschläge an den Kaiser direkt oder an die Person seines Obersthofmeisters gerichtet hätte. Allein dies scheint schon darum kein ausreichender Grund, weil in solchem Falle der Proponent dennoch unfehlbar an die kompetente Hofkammer gewiesen worden wäre. Es scheint vielmehr aus den freilich sehr knappen und dunklen Andeutungen, die Becher hierüber macht[1]), dass der Kaiser selbst diese Angelegenheit mit Umgehung des Grafen Sinzendorf, dem er vielleicht in Folge der gegen den Präsidenten agitirenden Opposition nicht mehr traute[2]) — mit Becher direkt durch seinen Obersthofmeister abwickeln wollte; ja, es ist nicht ausgeschlossen, dass dem Kaiser selbst wegen der Goldmacherei[3]), die ja Becher auch im Kunsthause zu betreiben versprach, viel an dem Zustandekommen der Sache gelegen war, welches durch die Intervention des Hofkammerpräsidenten zum mindesten erschwert worden wäre.

[1]) Einmal in dem genannten Referate bei Punkt IX. Wie die Sachen mit dem Kunsthaus einzurichten wären, dasz sie Bestand hätten . . . „dasz man aber damals dem Herrn Praesidenten nit hatt entdecken wöllen, dasz die Sach vor Ew. Majestät gehörig . . . das hatt seine Ursachen, welche Ew. Kays. Maj. bekandt seyn" . . . Sodann erwähnt er in der 1678 gedruckten „Copia eines notwendigen Memorials, welches an die röm. k. Maj. übergereicht worden von dero Cammer- und Commercien-Rath Dr. J. J. Becher", welche Schrift überhaupt viel Wichtiges über die ganze Frage enthält, einer Summe „so mir Gf. Albrecht Zinzendorf zur Aufrichtung des Kunst- und Werckhauses unter dem Titel von Comoediengeldern bezahlen liesz . . ." Man ersieht hieraus, dass offenbar auf allerhöchsten Befehl sogar eine ganz falsche Bezeichnung der Bestimmung des Geldes gewählt wurde, um nicht die Aufmerksamkeit des Hofkammerpräsidenten zu erregen.

[2]) Vgl. hierüber Wolf, Die Hofkammer unter Leopold I. in den Sitzungsber. d. Akad. p. 1853, S. 440 ff., der darlegt, dass dessen Befähigung (wohl auch Ehrenhaftigkeit) schon 1666 durch eine gegen ihn bei Hofe agitirende Partei von Hofkammerräthen in Zweifel gezogen wurde, dass es Sinzendorf aber gelang, den Einfluss dieser Opposition gänzlich zu zerstören, so dass er 1672 wieder ein Handbillet des Kaisers mit der Versicherung der a. h. Gnade erhielt. Er führte aber die Dinge wie früher, die Korruption in der Hofkammer dauerte fort, bis endlich Kammer-Rath Graf Jörger in seinem Gutachten vom 14. April 1679 die ganzen Gebrechen der Finanzverwaltung aufdeckte. Bald darauf erfolgte (noch 1675) der Sturz und die Verurtheilung des früher allmächtigen Präsidenten. Es ist also nicht ausgeschlossen, dass zu jener Zeit (1675) dem Kaiser durch die fortwährend schürende Agitation der Gegner des Grafen doch schon Bedenken in Betreff der Redlichkeit und Gewissenhaftigkeit der Amtsführung des Präsidenten aufgestiegen waren.

[3]) Es ist eine historische Thatsache, dass Leopold ein Anhänger der Theorie der Verwandlung unedler Metalle in Gold war, dass er selbst sich „Goldmacher" kommen liess. Becher macht in einer Randbemerkung in dem erwähnten Referate dem Obersthofmeister den Vorwurf, er wolle . . . „die Manufacturen stehen lassen und allein aufs Goldmachen sehen". Ob sich die Spitze dieses Vorwurfes nicht gegen den Kaiser selbst kehrt, dem er natürlich direkt nichts vorzuhalten wagte, ist wohl nicht bestimmt zu sagen.

Allerdings aber erwies es sich bald als undurchführbar, derlei Dinge, wie den Bau eines Manufakturhauses ohne Wissen des Hofkammerpräsidenten zu betreiben und als gefahrvoll, wenigstens für Becher, dasselbe trotz des Vorwissens des Präsidenten hinter dessen Rücken zu thun. Man erwählte daher — ob diese Idee vom Hofe, ob von Becher ausgieng, vermögen wir nicht zu beurtheilen — einen Grund und Boden, der dem Hofkammerpräsidenten gehörte, zum Aufbau des Hauses; Becher erwähnt[1]) hierüber, man habe das Gebaü des Kunst- und Werckhauses auf den Grund und Boden des Kammerpräsidenten gesetzt, um ihn nicht zu „disgustiren". In der That fand auch die Erbauung des Hauses auf dem Grund und Boden des Grafen Sinzendorf in dessen Garten auf dem Tabor statt, nachdem vorher folgendes Uebereinkommen zwischen dem Präsidenten und Becher[2]) geschlossen worden war: a) Becher erhält das Recht, auf besagtem Platz auf seine Kosten eine Gallerie von Zimmern und Wohnungen zu bauen u. z. soll dies „Bechern selbst oder den seinigen oder welche hierinnen mit ihm participiren", freistehen; b) hingegen verpflichtet es sich zu einem in halbjährigen Raten im vornhinein zu entrichtenden Grundzinse von 100 Rth.; c) die Dauer des Kontrakts wird auf 10 Jahre festgesetzt.

Nunmehr waren die Bedingungen der Erbauung und des Betriebes des Kunst- und Werkhauses festgesetzt und der Bau konnte beginnen. In der That scheint auch Becher unverzüglich denselben in Angriff genommen zu haben; denn am 19. März 1676, von welchem Tage das erwähnte Referat (vgl. Seite 30, Anm. 1) datirt ist, war der Bau und auch die innere Einrichtung schon fast ganz vollendet. Doch scheinen sich in der Zwischenzeit die Verhältnisse, die das spätere Eigenthum und die künftig aus dem Unternehmen zu ziehenden Einkünfte betreffen, wesentlich geändert zu haben. Während nämlich, wie bereits oben des Näheren erörtert wurde, ursprünglich nur die nothwendigen Abmachungen zwischen dem Obersthofmeister nomine des Kaisers und Becher erfolgten, das Eigenthum und die Einkünfte des Hauses auch nach diesem Uebereinkommen an den Kaiser, d. h. die kaiserliche Privatkasse fallen sollten, mithin die Hofkammer eigentlich mit dem ganzen Unternehmen nichts zu schaffen hatte, wurde dies nun anders. War nämlich schon durch die Erbauung des Hauses auf dem Grund und Boden des Hofkammerpräsidenten das ursprüngliche Prinzip zum Theil durchbrochen worden, so scheint nun eine vollkommene Devolvirung des Geschäftes von dem Kaiser (rücksichtlich dem Obersthofmeister) an die Hof-

---

[1]) In seiner „Närrischen Weisheit", S. 120 ff., wo er von dem Kunst- und Werkhause spricht.

[2]) In dem Referate wegen des Kunst- und Werkhauses unter II.: Erhandlung wegen des Platzes zu dem Kunsthaus. Nach einer Randbemerkung Bechers soll sich der Ausdruck, „welche hierinnen mit ihm participiren", auf den Kaiser selbst beziehen.

kammer, in deren Kompetenz das Unternehmen übertragen wird, stattgefunden zu haben[1]). Das genannte Referat enthält nämlich auch ein „Decret von der kaiserl. Hofkammer wegen der Wollmanufactur", datirt vom 16. Oktober 1675, worin es heisst: „Da Ihrer Majestät referirt worden sei, dass er (Becher) die wollene Manufactur, insonderheit aber (auch) die Fabricirung dreyer Sorten seydenen Zeugs, als Scharschet, Cronrasch und Schamlott, introduciren wolle, so werde ihm die Resolution Ihrer Majestät (hiemit) mitgetheilt, wonach dieselbe sein Offertum acceptirt und ihm zur Incaminirung und Beförderung dieser Sachen tanquam pro fundo introductionis und anfangs zu notwendigem Verlag 2000 Rthl. gebettener maaszen bewilligt habe." Sodann aber enthält das Dekret auch die Mittheilung, dass er „was diese Manufactur anbelangt und derselben anhängig ist, von der Hofkammer dependire", und das Werk ohne weiteres Entgeld Ihrer Majestät weiters zu verlegen, in Perfection zu bringen befugt sein solle; ferner die Aufforderung, den daraus entspringenden Gewinn ausser dem ihm zugestandenen zehnten Pfennig Ihrer Majestät getreulich zuzueignen, das Kapital in solvo zu erhalten und (das Werk) jedesmal auf Begehren in wirklichem Effekt zu zeigen.

Aus dem oben ausdrücklich hervorgehobenen „gebettener maaszen" wie aus einer eigenhändig beigesetzten Bemerkung Bechers[2]) ist zu entnehmen, dass derselbe vorher schon um einen Verlag speziell zur Wollmanufaktur angesucht hatte; ob wieder direkt beim Obersthofmeister, ist wohl nicht ganz erwiesen, aber nach den einleitenden Worten des Dekrets (siehe oben) anzunehmen. Der Kaiser überwies wahrscheinlich diese ganze Sache der Hofkammer, nachdem er vorher die Auszahlung eines bestimmten Geldbetrages bewilligt hatte. So kam es, dass das Kunst- und Werkhaus wenigstens mit Rücksicht auf die darin zu betreibende Woll- und Seidenmanufaktur in die Kompetenz der Hofkammer gelangte. Auch geht aus diesem Dokumente, wie aus der später zu erwähnenden Rechnungsübersicht Becher's hervor, dass er ausser den bereits durch den Obersthofmeister empfangenen oder angewiesenen 4000 Rthl. noch 2000 Rthl. speziell zur Introduzirung der Wollmanufaktur erhielt. Ueberdies aber bekam er von dem Hofkammerpräsidenten u. z., wie es scheint, etwas später, die allerdings etwas spärliche Summe von je 500 Rthl.

---

[1]) Becher spricht in dem Absatz VIII seines Referates von Hinderungen des Werkes u. a. aus dem Grunde, dass sich die Hofkammer, „mit welcher zwar vermöge des Accords directe Nichts zu tun hatte, sondern von Ew. Maj. immediate dependiren sollte" so schlecht desselben angenommen habe.

[2]) Becher schreibt am Rand unten dazu: „Ich hatte 4000 Rthl. Verlag zur Wollmanufactur zu geben verlangt, da hat der Herr Praesident mir 2000 Rthl. geben, habe ichs nit wollen nehmen, so hätte ich gar nichts bekommen."

zweimal als „Adjuten zum Bau des Hauses"; somit hatte er zum Bau und zur Einrichtung des Hauses die Gesammtsumme von 7000 Rthl. zur Verfügung, womit er alle Kosten der ersten Einrichtung und auch, was freilich schwer zu leisten war, den Verlag zum ersten Betrieb hätte decken sollen, so dass Hofkammer und Kaiser in ein fertiges, gut gehendes Unternehmen nur als Eigenthümer hätten einzutreten brauchen. Obwohl Becher sich wohl darüber klar sein musste, dass es ihm nicht möglich sein werde, diese Voraussetzungen zu erfüllen, machte er sich doch schleunigst an das Werk, offenbar in der Hoffnung, es werde, sobald das Kunst- und Werkhaus erbaut und die erste Introduktion der Manufakturen durchgeführt sein würde, eine weitere grössere Summe zur Deckung der Mehrkosten und des Verlags zum Betriebe zu erlangen sein, schon aus dem Grunde, weil ja das Unternehmen dem Kaiser oder der kaiserlichen Kammer zufalle und es ja auch in deren Interesse gelegen sein musste, das fast vollendete Werk nicht wieder aufzugeben; zudem hoffte er über diese Schwierigkeit durch die freilich etwas gekünstelte Auslegung der „Continuation"[1]) des Werkes durch die Hofkammer zu gelangen; denn, wie wir aus seinen späteren Aeusserungen entnehmen, wollte er, um sich vor Schaden zu wahren und das Unternehmen nicht zu Grunde gehen zu lassen, auch schon der ersten Summen für den Betrieb und Rückersatz für (hiefür) ausgelegte Gelder verstanden wissen. Inwieweit er mit diesen Ansprüchen Recht oder Unrecht hatte, ist hier vorläufig nicht zu erörtern; es soll vorerst der weitere Verlauf des ganzen Unternehmens dargelegt werden.

Im März des folgenden Jahres (1676) war der Bau des Hauses fast vollendet (es fehlte nur noch die Gallerie zum Verkauf der Waaren), auch die Introduktion der Manufakturen, d. h. der Arbeiten, der nothwendigen Instrumente und Maschinen war vollzogen und Becher legte nun am 19. März ein umfangreiches Referat über die ganze Angelegenheit, mit den Plänen des Hauses versehen[2]), dem Kaiser vor. Er bemerkt einleitungsweise, dass das Haus dem getroffenen Uebereinkommen gemäss nun erbaut und eingerichtet sei, nur mehr der „Continuation" bedürfe, bringt die Bitte vor, der Kaiser möge dieses Werk nicht wie das Kommerzienkollegium und andere nützliche Vorschläge supprimiren lassen, auch ihn nicht einen solchen Schaden, der durch das Leerstehen des Hauses entstünde, leiden lassen und

---

[1]) Vgl. S. 30 den Passus in dem dritten Vorschlage Becher's. Er sagte wörtlich „so wolle er vor besagte 4000 Rthl. alle Manufacturen etc. dergestalt incaminiren .. dass der fundus zu dem ganzen Werk genugsam stabilisirt sei und dazu nichts weiter als die continuation mit gröszerem Verlag erfordere . . ." Seine spätere Interpretation beweist die eigenhändige Randbemerkung: „Ego mea praestiti, praestetur ergo etiam continuatio promissa."

[2]) Diese Pläne sind, nach dem Ms. der k. k. Hofbibliothek in Wien, welches das Referat enthält, getreu kopirt, der gegenwärtigen Abhandlung am Schlusse beigeheftet.

ihm nicht verweigern, dass er „zur Defension seiner Ehr den beikommenden Referat und noch andere Documente publice producire und beweise, dass er an ihm nit gefehlt" . . schliesslich bittet er um schleunige Erledigung der Sache, weil sonst „gegen Ostern die Leuthe verlauffen und das Haus gesperrt werden wird, weil sich dessen Niemand annehmen will". . . .

Hierauf folgt nun das eigentliche Referat über das neuerbaute Kunst- und Werkhaus oder eine „**gründliche Beschreibung, was in dem Kunst- undt Werckhause sammt Schmeltz- und Glashütten gethan und operirt wirdt, auch wie selbige angeordnet seyn.**" — Diese Beschreibung nimmt Bezug auf die dem Referate beigefügten Pläne und erörtert die in den einzelnen Lokalitäten des Hauses vorzunehmenden Produktionen, hin und wieder werden natürlich Exkurse über die Bedeutung, den Werth und die praktische Verwerthbarkeit mancher Produkte eingeschoben. Es ist zur Charakteristik des ganzen Unternehmens des Werkhauses, das schon darum von hohem Interesse ist, weil seine Anlage und der ihm zu Grunde liegende Gedanke zu den wirthschaftlich bedeutendsten Ideen jener Zeit gehört, nothwendig, in Kurzem diese Beschreibung zu reproduciren. Nach derselben enthält das Kunst- und Werkhaus:

1) **ein grosses chemisches Laboratorium** mit allerhand Destillir- und Schmelzöfen. Daselbst sollen vorerst die für die chemische Hauptproduktion nothwendigen Salze und Spirituse erzeugt werden; sodann aber ist Hauptproduktion die Erzeugung und Präparirung von allerlei metallischen Farben, wie Grünspan, Berggrün, Bleiweis, Cinober, Menig, Bleygelb, Sublimat, Salmiak, Borax, für welche Farben jährlich in den Erblanden (nach Becher's Meinung) über 100000 Rthl. ausgegeben würden. Eine anschliessende Berechnung soll die Richtigkeit dieser Behauptung darthun. Ferner aber soll auch in diesem Laboratorium die „Wahrheit und Nutzbarkeit der Alchimy" demonstrirt werden durch unterschiedliche Processen als das „Bley in Silber zu zeitigen, aus Kupfer Silber zu scheiden", Goldscheidungen zu unternehmen etc. Dass Becher, wiewohl er später in Holland ähnliche Experimente und sogar behauptetermassen mit günstigem Erfolge durchführte[1]), nicht allzuviel von der Gold- und Silbermacherei hielt, beweisen einige bittere Randbemerkungen, insbesondere gegen den Obersthofmeister gerichtet, dem er vorwirft, es sei ihm nur um die Alchimie, nicht aber um die Hebung der Manufaktur zu thun gewesen; indessen musste er wohl auch die Alchimie als Hauptpunkt seiner Projekte anführen, um bei dem für dieselbe begeisterten Kaiser Beifall zu finden (vgl. Seite 31 Anm. 3).

---

[1]) Vgl. hierüber „Trifolium Becherianum Hollandicum oder Dr. Becher's drei neue Erfindungen etc." 1679.

2) **Die Werkstatt zur Erzeugung des Majolicgeschirres.** Hier soll Majolicgeschirr mit Hilfe der geeigneten Instrumente und eigener Brennöfen „sauber, fein und dünn" gearbeitet und blau gemalt werden, so dass es an Feinheit und Schönheit dem welschen und holländischen gleichkommen werde. Hierauf sollen dann allerhand Platten zu Oefen und Kaminen und verschiedenes Hausgeräth erzeugt werden; alles aber werde an Preis noch billiger sein als das ausländische und darum voraussichtlich guten Abgang haben.

3) **Die Apotheke**, um gute Medizinen zu billigerem Preise herzustellen, insbesondere werden gerühmt die von Becher erfundenen Pillen ... es folgt ein Absatz über ihre Wirkungen und die einiger anderer medizinischer Präparate, den wir übergehen ... auch ein von Becher zum ersten Mal (irgendwo) introduzirter Zuckerwein wird hier ausgeschenkt, der so wohlthätige Wirkungen hat, dass, wie Becher meint, durch seine Einführung der ungesunde und stinkende Branntwein, wie auch die rauhen, angreifenden, hitzigen und schweflingen Weine in Abgang kommen werden.

4) **Eine Werkstatt zur Herstellung guter Hausgeräthe** aus einer von Becher gefundenen Metalllegirung von weisser Farbe, da irdenes und hölzernes Geschirr theils zu schwach und zerbrechlich, viele Metalle wie Blei (der Schwere wegen), Eisen und Kupfer (weil sie „vitriolisch" sind), Zinn (der Schmelzbarkeit wegen), Silber (des hohen Preises wegen) hiezu ungeeignet seien.

5) **Die Seidenmanufaktur.** Sie wird betrieben mit drei „Bandmühlen" und zwar dienen zwei zur Erzeugung „puren Seidenbandes", die dritte zu „Floretgladtbandt". Diese Manufaktur thue, weil sie bisher im Inlande niemals gemacht, vielmehr die Produkte aus der Schweiz und Frankreich importirt worden seien, Niemandem (im Inlande) irgend welchen Abbruch, rentire sehr gut, ja selbst bis zu einem Prozent täglich, nach Abzug aller Kosten.

6) **Die Wollmanufaktur.** Diese soll so recht der Hauptzweig aller Manufakturen sein, „ein sonderliches beneficium für die kaiserlichen Erblande", denn in einem eigens hiezu bestimmten Saale sollen die Landeskinder lernen Wolle sortiren, krempeln, fein spinnen und allerhand wollenes Zeug verweben. Der Nutzen sei ein dreifacher 1) der materielle für den Urproduzenten, der die Wolle leichter und theurer verkaufen könne; 2) dass viele arme (d. h. erwerbslose) Leute jetzt spinnen und weben lernen können; 3) dass das viele Geld, das für wollene Zeuge ins Ausland gehe, nun im Inland bleibe. Die Manufaktur werde auch sehr gut rentiren und jährlich wenigstens 100 Prozent tragen.

Hierauf folgt nun ein Verzeichniss unterschiedlicher Zeuge, die gewoben werden sollen; so werden genannt Scharschet,

Cronrasch, Schamlott und nunmehr wird auch der hiebei zu erzielende Gewinn mit Rücksicht auf die Zahl der **acht Webergesellen** berechnet; ... auch sei diese Manufaktur schon darum leichter durchzuführen, weil das Material im Lande, der Verbrauch aber ein so grosser sei, dass er sich wohl auf 1 Million Rthlr. belaufen dürfte; überdies sei Garn eine sehr kurrente Waare und es würden durch diese Manufaktur vielerlei andere, die sich mit der Herstellung verschiedener Zeuge beschäftigen, introduzirt; so würden durch die Wollmanufaktur allein die entvölkerten und armen Städte der Erbländer wieder volkreich und nahrsam gemacht werden.

Diese eben erwähnten Manufakturen werden nun in dem eigentlichen Kunst- und Werkhause, einem langen, 16 Fenster Vorderfront umfassenden Gebäude mit Oberstock, betrieben und zwar sowohl im Unterstock (der unteren „gallerie") als auch im Oberstock (der oberen Gallerie) und es werden auf dem zweiten Plane jeder Manufaktur die geeigneten Räume für die Werkstätten, wie auch Wohnräume für die betreffenden Arbeiter angewiesen; desgleichen sind sie auch mit Küchen und anderen nothwendigen Nebengelassen versehen.

Ausser diesem Hauptgebäude umfasst das Kunst- und Werkhaus noch das Wohnhaus des Direktors, das „Schellenbergische Schmeltzwerk" und die „venetianische Glashütte."

1) Das „Häuslein zur Wohnung des Directors" ist massiver und sicherer gegen Feuer- und Wassergefahr gebaut als das Hauptgebäude, von zwei gemauerten Höfen umgeben, die ein gewölbter Durchgang verbindet, durch eiserne Gitter vor Dieben möglichst geschützt; es enthält nämlich nebst den Wohnräumen des Direktors (Wohnzimmer und Schlafkammer) die Verwahrungsorte der wichtigsten Schätze des Hauses, so (in der „Schreibstube") das Archiv sammt den Prozessen, Privilegiis, Kapitalien, Korrespondenz des Hauses u. dgl., dann in einer eigenen Kammer die „mathematischen Sachen", hierunter ein Uhrwerk, das unaufgezogen so lange geht, als nicht ein Theil desselben zerbricht, endlich eine „Compression von Wasser, allwo ein kleiner Bueb das Wasser armsdick und thurmshoch hinauftreiben kann" und ähnliche künstliche Dinge mehr. Sodann befindet sich daselbst eine zweite Kammer zur Aufbewahrung werthvoller Effekten, Kapitalien und künstlicher Operationes. Endlich ein kleines Laboratorium nur für „Präparation der Tinctur" und „Transmutation der Metalle" (also für die „Goldmacherei").

2) Die „Schellenbergische" Schmeltzhütte. Dies war eine Art Hochofen nach dem von dem Obristen von Schellenberg erfundenen und angegebenen Systeme aufgeführt[1]), um

---

[1]) Wie Wilhelm v. Schröder in seinem unten zu erörternden Ansuchen um grundbücherliche Einverleibung des Grund und Bodens des Manufakturhauses anführt, war diese „durch das Kayserliche Bauambt für des H. Obristen

das „hungarische bergstätten Ertz zu schmelzen." Becher, der vorausschickt, diese Unternehmung gehe ihn zwar nichts an, bemerkt, es werden sich damit auch andere Ertze „an der Donau gelegen schmelzen (vielleicht legiren?) lassen, dann werde es als „Poch- und Waschwerk" „zu Figirung des Schwefels und Arsenic" Dienste leisten. Endlich könne man durch ein beständiges Abtreibwerk Silber erhalten und so auf diesem Platze ein ewig währendes Berg- und Scheidewerk einrichten, bei dem „auch die Münzen- und Goldtschmiedt ihr Erz schmelzen und unterschiedliche Handwerksleut ihre Nahrung dabei haben können."

Weiteres ist über dieses Schmelzwerk aus den vorliegenden Akten nicht in Erfahrung zu bringen; der Ofen desselben wird in einer Abhandlung über das Goldmachen aus jener Zeit genau beschrieben[1].

3) Die venetianische Glashütte. Auch über diese ist ausser den Becher'schen Angaben in der Beschreibung des Manufakturhauses Nichts zu finden. Becher selbst bemerkt gleich zuvor, dass er nicht selbst die welschen, venetianischen Glasbläser her verschrieben habe, sondern nur Anlass gegeben habe, sie im Manufakturhause unterzubringen. Die Form der erzeugten oder zu erzeugenden Gläser betreffend, meint er, diese wäre eigentlich keine „Kunst", sondern nur eine durch langwierige Ausbildung anzueignende Fertigkeit; das Wichtigste, um diese Manufaktur im Lande einzubürgern, sei „hinter die rechte Proportion der Materie des Glases zu kommen." Der Vortheil dieser Produktion werde kein geringer sein, da das venedische Glas sehr begehrt sei, besonders Glaskorallen ein gesuchter Artikel (für die Türkei) wären. Schliesslich beklagt er sich, dass man die Leitung dieser Manufaktur nicht ihm, sondern den Italienern Bertalotti, dann Tomasi übergeben habe. Daraus, dass mehrere Direktoren bereits fungirt hatten, wie aus einer späteren Bemerkung Becher's[2] geht hervor, dass diese Glashütte schon in ziemlich lebhaftem Betriebe stand.

Dies die Gebäude. Ausserdem befindet sich von Anlagen auf dem Grunde des Kunst- und Werkhauses noch ein Brunnen und ein Teich. Da ersterer sich (nach Becher's Behauptung) als ein Sauerbrunnen darstellte, der freilich andererseits wieder zur Herstellung von rechtem Salpeter verwendet werden könnte, so sei es nothwendig gewesen, für den Wasserbedarf einen Teich

---

von Schellenberg neu fuergeschlagene Schmeltzwerk des ungrischen Gold- und Silbererztes und dessen probe aufgeführt worden."

[1] Im Anhang zum „Nothwendiger Unterricht von Goldmachen", von Wilhelm von Schröder. Beschreibung Herrn Obristen von Schellenbergs Universal-Ofens.

[2] ... „wiewol, wann ich nit Platz gemacht, Tigel, Häfen, Geschirr u. m. dazu contribuirt hätte, vielleicht noch bis auf diesen Tag kein Anfang und Probe gemacht worden"... Die Glashütte wird überdies noch in der Beschreibung der Brandstatt des Manufakturhauses erwähnt. Vgl. unten.

zu graben; derselbe könnte aber mit geringem Aufwand so eingerichtet werden, dass er eine Mühle treiben könnte, ja noch mehr, es könnte auf diesem Wege „das Gebläs zu dem Schmeltzwerck getrieben, das Poch- und Waschwerk, eine Walckmühle zu den wullenen Zeugen, ein Hammer zum Kupfergeschirr, eine Mühle zum Farben- und Glasurreiben, eine Schleiff- und Poliermühle für das venetianische Glas u. dgl. mehr eingerichtet werden."

Eine „Gallerie zum Verkauf der Waaren" erscheint auf dem Plane nur projektirt, aber noch nicht gebaut; dieselbe, deren Kosten auf 1000 Gulden veranschlagt werden, soll neben den Verkaufshallen noch Zimmer für Färberei, eine Presse für die Zeuge und noch einige Plätze für Weberei, Malerei und Tapezerei enthalten.

Aus dieser gründlichen Beschreibung des Hauses, die durch die sehr sauber und nett ausgeführten drei Pläne noch mehr versinnlicht wird, entnehmen wir, dass Becher ein wirklich im echten Sinne des Wortes nach damaligen Begriffen „grossindustriell" zu nennendes Unternehmen geplant hatte. Man darf eben nicht vergessen, dass zu jener Zeit, wo ja die einfache Handarbeit und der kleine Einzelgewerbsbetrieb auf allen Gebieten selbst in weit vorgeschritteneren Ländern, wie Frankreich, England, den Niederlanden noch weitaus überwiegend, ja allein herrschend war, eine solche Unternehmung schon viel bedeutete. Wenn sie in Oesterreich auch nicht die erste war, vielmehr schon in einer staatlich privilegirten Fabrik von Woll- und anderen Zeugen (Cronrasch)[1]) einen Vorläufer hatte, so war sie doch einmal die vielseitigste mit Rücksicht auf die Zahl und Verschiedenheit der zu betreibenden Produktionen und hatte überdies einen ökonomisch hochwichtigen Hintergedanken, sozusagen **Lehrwerkstätte für die gesammten inländischen Gewerbtreibenden zu sein**; dies hatte schon Becher (vgl. oben bei Schilderung der Wollmanufaktur) hervorgehoben, es sollte, wie wir unten sehen werden, später noch mehr betont werden. Becher also dachte sich einen vollkommenen Fabrikbetrieb, d. h. einen Grossbetrieb mit ausreichendem Material, den vollkommensten Maschinen jener Zeit (es führt ja Bandmühlen u. a. Werkvorrichtungen ein) und den geübtesten Handwerkern. Wie gross diese Zahl gewesen sein soll, ist wohl nicht ganz klar; allein aus der Anzahl der Webergesellen (8), die er schon im Anfang zur Introduzirung und zum ersten Betrieb aufnahm, geht wohl hervor, dass sie — nach den Begriffen jener Zeit — keine unbedeutende genannt werden kann. Er dachte sich ferner, wie eben angedeutet, das ganze Unternehmen zugleich als **Lehranstalt für Landeskinder**, die diese neuen Erwerbszweige erlernen und dann im Lande propagiren sollen; so nennt er

---

[1]) Vgl. Guarient, Codex Austriacus unter „Cronrasch." (Vgl. Einleitung, Seite 6, Anm. 3.)

selbst in dem genannten Memorial das Werkhaus „ein Schulhaus oder Seminarium zur Introduction der Manufacturen, welche von dannen in die mitleidenden Städte Ihrer Majestät zu deren Aufnehmung und Nahrung eingetheilt werden sollen" — und darin liegt eigentlich die hauptsächlichste Bedeutung des Manufakturhauses, das nicht nur eine Staatsfabrik, sondern auch eine staatliche „Lehrwerkstätte" in unserem Sinn sein sollte[1]). Auch das auf den Aufbau verwendete Kapital war nicht klein. Wir haben schon oben erwähnt, dass ihm 7000 Rthl. zu Gebote standen; er überschritt aber mit Rücksicht auf eine zu erhoffende Rekompensation diese Summe bei weitem und aus den in dem Referate genau dargelegten Rechnungen geht hervor, dass sich die Kosten des Hauses und der Einrichtung der Manufakturen bis zum Momente der Ueberreichung des Referates auf 11123 Rthl. beliefen — eine damals gewiss beträchtliche Summe.

Auch das hiefür hergestellte Inventar ist nach damaligen Begriffen ein reichliches zu nennen, es umfasst neben dem Gebäude: das schon erwähnte Uhrwerk, das Wasserwerk, 2 Floretbandmühlen, 2 Seidenbandmühlen, 8 Webestühle, 6 Centner Wolle, verschiedene Instrumente für das Laboratorium, für die Goldschmiede, Silberarbeiter, Uhrmacher, für die Majolicmanufaktur, Haffnerei etc., ausserdem reichlichen Hausrath, Medizinenvorrath u. dgl.

---

[1]) Vgl. auch in der „Närrischen Weisheit" S. 120 ff. „... hat man resolviret bei Wien ein allgemeines öffentliches Kunst- und Werkhaus zu bauen, worinnen als in einem Seminario die Manufacturen, Künste erfunden, introducirt, die Leutt abgericht und dann auf das Land und in die mitleidende depopulirte Städt diffundirt und stabilitirt werden."

II.

Der Betrieb des Manufakturhauses unter Becher.

Soweit war das Werk gediehen. Dass Becher sich diesfalls keiner unwahren oder übertriebenen Angaben schuldig macht, ist wohl einerseits aus dem Umstande zu entnehmen, dass er das Referat dem Kaiser mit der Bitte vorlegte, die Sache weiter zu führen, dass er also wahrscheinlich eine Untersuchung und Inspektion nicht zu fürchten hatte, wie andererseits aus der Offenheit, mit der er die noch fehlenden Dinge angiebt. Jedenfalls hatte er auch schon, wenn auch mit beschränkten Mitteln, den Betrieb begonnen und seine diesfälligen Angaben[1]) verdienen schon darum Glauben, weil er sich auf notorische Thatsachen beruft, die er doch ohne das Aergste zu riskiren, nicht so leichterdings dem Kaiser und Obersthofmeister hätte vorlügen dürfen. Allerdings dürfte sich dieser Betrieb wohl mehr auf ein probeweises Erzeugen einiger Artikel der Hauptmanufakturen erstreckt haben. Becher selbst spricht in dem mehrfach erwähnten Memorial wiederholt von „guten Proben" und „Demonstrirung der Nützlichkeit der Manufacturen" und Aehnlichem. Dies wäre jedoch durchaus nicht im Stande, der Bedeutung, der ganzen Idee des Unternehmens und deren wenigstens in der Anlage gediegenen Durchführung Abbruch zu thun.

Wie dem auch immer sei, der Weiterführung des ganzen Werkes begannen sich Schwierigkeiten entgegen zu stellen, die zu beseitigen das eifrigste Bestreben des von seinen kühnen Plänen begeisterten Mannes war. Er selbst schildert in seinem Referat[2])

---

[1]) So in der Einleitung zu dem Referate „... das Haus ist vor Kurzem ganz erbauet, wie es da abgezeichnet, haben es auch viel vornehme Ministri und Ambassadeurs gesehen" — und in seinem Memorial, „es ist notorium, dass ich das kais. Kunst- und Werkhaus erbauet, haben auch solches und die Manufactura darin im Gange gesehen alle die damals anwesenden Herrn Ambassadeurs, geheimen Räthe und viel hundert Menschen mehr..."

[2]) Absatz VIII. „Unterschiedliche Verhinderungen, welche das gesammte Werk des Kunsthauses retardiren undt säumen".

die hauptsächlichsten Hindernisse folgendermassen: Vor allem seien die Baukosten „nit geklehrt", d. h. es seien die 4123 Rth., die er über die ihm gegebenen 7000 ausgegeben hatte, rückzuersetzen; einmal, damit er seinen anderweitigen Verpflichtungen gerecht werden, und damit das Werk weiter fortgesetzt werden könne. Auch habe er schon der Wollmanufaktur wegen viel Geld aus eigener Tasche hergegeben; die Hofkammer verweigere nicht nur die Rückerstattung, sondern gestatte nicht einmal, dass er sich eine geeignete „Compagnie" zur Bestreitung der Verlagskosten suche; ebenso seien ihm Gelder zum Weinverlag abgeschlagen worden, schliesslich beklagt er sich, dass ihm Arbeiter von seinen Widersachern[1]) abspenstig gemacht würden, dass ihm ein chemischer Laborant entlaufen sei u. s. w.

Hierauf schlägt er einige Mittel vor, „wie die Sachen mit dem Kunsthause einzurichten wären, dass sie Bestand hätten, der versprochene Effect herauskomme und Ihro Kais. Majestät neben Recreation auch jährlich einen grossen Nutzen daraus haben könnte". Diese Mittel sind allerdings keine neuen:

1) Vor Allem, kräftige, wirksame Privilegien oder vielmehr ein „Patent" (in unserem Sinn), dass Niemand dergleichen nachmachen dürfe, weil sonst ihm (Becher) durch böse Leute das Gesinde abspenstig gemacht werde, u. z. solle, da es ja dem Kaiser „sehr verdriesslich fallen möchte, ein Specialprivilegium über alle diese Sachen zu verleihen, in genere der Platz privilegirt werden und quoad forum justitiae unter das Obersthofmarschallamt gehören".

2) Eine dem Kammerpräsidenten zu ertheilende Versicherung durch ein „Assecurationsdecret", dass seinen Rechten an dem Grund und Boden des Hauses in keiner Weise Abbruch geschehen werde, denn derselbe „fürchtet sich wegen der Hofkammer nach seinem Tode eines präjudicii".

3) Ersatz der Mehrauslagen von 4123 Rthl. und Beistellung des „bereits verglichenen" Verlags von 4000 Rthl. für die „chimischen Sachen".

4) Die Verleihung der durch den Akkord mit dem Obersthofmeister bereits verwilligten Direktorstelle und den zehnten Theil des Gewinnes, die Versicherung hierüber durch ein „Assecurationsdecret", denn dies sei ja ohnedies, da er Proponent, Inventor und Introduktor sei, nicht mehr als billig[2]).

Diese Propositionen bilden den Schluss des ganzen Referates, das Becher schliesslich noch mit kurzen Worten dem Kaiser dringend empfiehlt[3]).

---

[1]) Er erwähnt hier insbesondere den Kaufmann Triangel, der später die orientalische Kompagnie leitete und — ruinirte.
[2]) Charakteristisch für Becher's kräftige Ausdrucksweise ist die Begründung: „denn es ist ja billig, dass, wie die heil. Schrift selbst saget, man den Ochsen, der träschet, das Maull nit verbinde .."
[3]) „. . und dieses wären also die Fundamentalpunkten zu Erhaltung und Stabilitirung dieses Kunst- und Werkhaus, also dass auf Ew. Majestät

Ueber den weiteren Fortgang des Unternehmens liegen uns zwar keine Urkunden mehr vor, es fehlen sowohl die begehrten Versicherungsdekrete, als auch weitere Verträge, Geldanweisungen u. dgl., allein wir können aus den Nachrichten, die Becher selbst in seiner „Närrischen Weisheit" und dem schon erwähnten „Memorial" aus dem Jahre 1678 in Zusammenhang mit späteren Nachrichten und Aeusserungen einigermassen verlässliche Schlüsse über den weiteren Verlauf der Angelegenheit machen.

Das Haupthinderniss des weiteren Betriebes des Hauses, das, wie ja aus dem bisher Besprochenen hervorgeht, ganz evident schon eingerichtet und selbst — wenn auch nur probeweise — in Gang gebracht war, war wohl, dass Becher bei den zu jener Zeit arg erschöpften kaiserlichen und Staatsmitteln neue Gelder begehrte. Hiezu kam nun noch, dass Graf Sinzendorf, der Hofkammerpräsident, der gewiss hierin das massgeblichste Wort zu sprechen hatte, aus den schon oben auseinandergesetzten Gründen Becher feind geworden war und daher das Unternehmen eher anfeindete als begünstigte. Ueberdies aber scheint Becher bei Hofe noch verschiedene andere Feinde und Widersacher gehabt zu haben, die er theils seinem wohl ziemlich hoffärtigen, prahlerischen und abstossenden Auftreten verdankte[1]), theils dem Neide und der Missgunst zu jener Zeit, als er in hoher Gnade und Gunst stand.

Was alles von seinen Ansuchen und Bitten bewilligt wurde, ist nicht ganz gewiss; klar ist nur, dass das Werkhaus in der That dem Obersthofmarschallamte unterstellt worden sein musste, denn es liefen aus rückständigem Arbeitslohn und ähnlichen Gründen später Klagen gegen ihn bei diesem Amte ein; sicher ist ferner, dass er trotz der gemachten Versprechungen keinen Deut mehr erhielt. Allerdings erscheint sein Anspruch auf Forderung weiterer Geldmittel kein sehr starker oder begründeter, denn er gründet sich auf den einzigen Passus des „Accords" mit dem Obersthofmeister (siehe oben S. 30), wonach die gegebenen 4000 Rthl. nur zur Einrichtung gehören sollten, „was man darüber an Capital anlegt, alsdann Interesse tragen soll, dergestalt, dass 17 bis 20 000 Rthl. wöchentlich wohl 1000 Rthl. tragen könne". Hieraus aber sollte wohl nur die Höhe der erwarteten Verzinsung hervorgehen, nicht aber, dass in jedem Fall diese Summe noch in dem Werke angelegt werden müsste und auch

---

allergnädigster Resolution desselben Aufnehmen oder Ruin beruhet, welches alleruntertänigst habe berichten und hiemit diesen ganzen Referat schliessen wollen".

[1]) Vgl. hierüber die Bemerkungen bei Bucher, Das Leben eines nützlichen Gelehrten in der Person des Dr. J. J. Becher. Roscher, Oesterr. Nationalökonomik unter Leopold I. Hildebr. JB. II, S. 38. „Sein geistvoll produktives, zugleich aber sehr prahlerisches, zum Schwindel geneigtes und hitzig unvorsichtiges Wesen machte ihm in jeder Stellung bald Feinde."

die übrigen Stellen, wo von der „Continuation" des Werkes die Rede ist, sind so allgemein gehalten, dass daraus ein Anspruch auf eine solche schwer abgeleitet werden könnte[1]. Dass aber andererseits die Kammer und der Kaiser besonders bei der Agitation der Gegner Becher's durchaus nicht sicher war, dass ein im Werkhause anzulegendes Kapital wirklich sich so gut verzinsen werde, scheint wohl völlig glaublich. Man berief sich also wohl darauf, er habe sich anheischig gemacht, das Werk mit dem gegebenen Kapital wenigstens ganz betriebfertig herzustellen, habe mindestens keinen Anspruch auf Ersatz der Kosten u. s. w. Die Sache scheint überdies hin- und hergeschwankt zu haben, kleinere Summen, „hundertguldenweis" wie er sagt[2]), wurden ihm von der Hofkammer, an die er von dem Kaiser gewiesen wurde, ausbezahlt, und mit Hülfe derselben begann er die noch fehlenden projektirten Manufakturen, wie die Tapezerei, zu introduziren und die anderen (Seiden- und Wollindustrie) zu perfektioniren.

Ferner sann er, um Geld zu beschaffen, auf andere Mittel: Zunächst suchte er, was er schon früher angestrebt hatte, nachdem er vom Hofe und der Hofkammer wenig oder gar nichts mehr zu erwarten hatte, andere Kapitalkräfte für das Unternehmen zu gewinnen; er hatte dies schon früher versucht auch schon einen diesbezüglichen Vertrag abgeschlossen, jedoch die Ratifikation desselben von der Hofkammer nicht erlangen können[3]). Nunmehr aber scheint es ihm doch möglich geworden zu sein, die Genehmigung der Aufnahme eines Kompagnons oder mehrerer zum Betriebe des Unternehmens durchzusetzen. Ob er nun eine Kompagnie bildete, wie es in späterer Zeit heisst[4]), oder blos das Kapital des einen oder anderen Kapitalisten in Anspruch nahm, ist ungeklärt; gewiss ist nur das Eine, dass er, da denn das ganze Unternehmen nicht recht gehen wollte und die stets noch erhoffte und „sollicitirte" Unterstützung von Seite der Hofkammer oder des Kaisers noch immer nicht eintrat, sich an einen Mann wandte, dem er aus früherer Zeit viel verdankte und dessen Einfluss am Hofe kein geringer

---

[1]) Becher hatte sich anheischig gemacht, die Manufakturen und Sekreten, die er vorschlug, „dergestalt, zu incaminiren, introduciren und gangbar zu machen, dass der fundus zu einem grossen Werk genugsam stibilitirt sei und weiter nichts als die Continuation sammt grösserem Verlag erfordere." (Vgl. oben S 30.)
[2]) Närrische Weisheit. S. 120 ff.
[3]) Vgl. Referat VIII, Unterschiedliche Hindernussen, wo er von dem Wollverlag spricht, für welchen er 2000 statt 4000 Rthl. (s. oben) erhalten hatte . . . „und als ich jemand anders mit in die Compagnie nehmen wollte und einen Contract geschlossen, auch die Ratification darüber von der Hofkammer verlangt, hab ich doch solche nit erlangen können, will nit sagen, dasz die Person, so mit mir contrahirt, aparte mit Fleisz seye divertirt worden . . ."
[4]) Vgl unten W. v. Schröder's Angaben.

war. Es ist dies der schon in der Einleitung genannte Rojas, der frühere Beichtvater des Kaisers, Bischof in partibus und damals wohl schon Stadtpfarrer in Hainburg¹). Mit demselben kam schliesslich ein Vertrag zu Stande, wonach Becher ihm das ihm selbst übertragene Privilegium betreffs der Manufaktur wollener Zeuge und seidener Bänder überlässt, zugleich auch diesen Manufakturzweig aus dem Hause nimmt und ihn in die Umgebung Wiens an einen nicht zu eruirenden Ort (vielleicht gar nach Hainburg) verlegt. Das Originaldokument hierüber existirt auch nicht mehr, doch geht dieses Faktum aus einem uns erhaltenen späteren Vertrage hervor, wonach der genannte Bischof dasselbe Privileg und die Ausübung desselben den Gebrüdern Baronen Geyer v. Edelbach überlässt²). In Uebereinstimmung hiermit gesteht Becher in dem erwähnten „Memorial" selbst zu, die Wollen- und Seidenbandmanufaktur „aus dem Werkhause genommen und in andere Oerter um Wien herum geplantirt" zu haben, behauptet nur, er sei hiezu vermöge der Privilegien befugt gewesen. Nun war allerdings das Gesammtunternehmen als solches aufgelöst, aber Becher dachte immer noch daran, wenigstens die anderen Manufakturen in dem Werkhause zu introduziren, insbesondere wollte er die Farbenerzeugung, von der er sich, wie schon aus seinem oben erläuterten Referat hervorgeht, den höchsten Gewinn versprach, vollkommen einrichten. Leider stiess er hierbei auf den Widerstand des Hofkammerpräsidenten, der, wohl aus alter Abneigung, gern das ganze Unternehmen zu nichte gemacht hätte.

Unter des Kammerpräsidenten Intervention kam endlich ein für Becher höchst ungünstiger Vertrag zu Stande³), den letzterer, nachdem er sich anfangs sehr gesträubt, wenn er überhaupt noch einen

---

¹) Ueber die Persönlichkeit dieses Mannes vgl. die Notiz von Inama-Sternegg über Philipp Wilhelm v. Hörnigk in Conrad JB. 1881. Derselbe spielte in Hörnigk's Leben eine grosse Rolle. Wie einer eigenhändigen Randbemerkung Bechers in dem schon erwähnten Referate über die Kommerzien (1674) zu entnehmen ist, verdankte Becher ihm seine Berufung nach Wien.

²) Im Archiv d. Min. d. Innern „Placat vom 27./8. 1680. Der Bischof von Tina Rojas, Stadtpfarrer zu Hainburg, kann das ihm von Dr. Becher cedirte kays. Privileg auf Manufactur wollener Zeuge und seidener Bänder an die Gebrüder Franz Christof und Carl Leopold Geyer v. Edelbach übergeben" (unter den Privilegiumsakten).

³) Vgl. hierüber Becher's Memorial „.. denn wie man anfangs die Privilegia wegen der Manufacturen aufgesetzet, sind solche sammt den Revers dergestalt projectirt worden, dass ein jeder ehrlicher Mann daraus sehen kann, dass solcher zu einer unvermeidlichen ruin der Manufacturen angerichtet..." und weiter unten „... Das privilegium über das kais. Kunst- und Werkhaus sammt dem Revers habe nicht ich, sondern Prückner oder v. Selb aufgesetzet, ich habe genug dagegen geprotestirt und noch von Mayntz aus remonstrirt, dass dieses privilegium ein ruin des kais. Kunst- und Werkhauses sein werde, habe auch um Erläuterung eines oder der anderen Puncten gebeten, aber nichts darauf erhalten."

Vertrag durchsetzen wollte, acceptiren musste[1]); vielleicht hoffte Becher auch, dass ein Umschwung in den Hof- und Hofkammerverhältnissen eine günstigere Auslegung oder Abänderung dieses Vertrages möglich machen werde; zudem musste er sich sehr hüten, den Kaiser mit ins Spiel zu ziehen, um nicht noch den Vorwurf eines crimen laesae majestatis auf den Hals zu bekommen und damit nach dem ersten „Akkord" alle Rechte und Ansprüche zu verlieren.

Wir wollen nun diesen von Becher so vielmals beklagten Vertrag, durch den allerdings der Hauptsache nach das ganze Unternehmen mit seinen Kosten auf Becher's Schultern geschoben werden sollte, näher betrachten.

Derselbe kam am 15. Oktober 1676 zu Stande. Damals wurde Becher „vermittels der hochlöblichen Hofkammer Interposition und nachtrücklichen Cooperation" das gebetene Privilegium über das „neuerbaute Kunst- und Werkhaus" übergeben und er unterzeichnete dagegen einen Revers, der die Verpflichtungen, die er damit auf sich nahm, enthielt. Aus diesem Reverse, von dem uns eine wohl vollkommen glaubwürdige[2]) Abschrift erhalten ist, geht der ganze Plan des Unternehmens, wie er nunmehr gestaltet werden sollte, klar hervor.

Als Hauptzweck desselben wird schon im Kopfe des Reverses die „Beförderung des Commercii in dero kayserlichen Erbländtern, auch Aufnehmbung der bereits introducirten sechserley frembden Manufacturen daselbst" bezeichnet. Welches diese sechs Manufacturen seien, wird nicht ausdrücklich gesagt, es ist aber wohl klar anzunehmen, dass es dieselben waren, die schon bei Errichtung des Hauses introduzirt wurden, abgesehen vielleicht von der Seidenband- und einem Theil der Wollindustrie, deren Privileg ja Becher abgetreten hatte. Im Texte des Reverses wird ausdrücklich nur die Wollindustrie erwähnt; Becher verpflichtet sich nämlich, „in sonderheit den Consumo der Landtwolle möglichst zu machen und in specie durch die wüllene Manufactur auf alle weg und weyse zu promoviren"; er erwähnt auch, dass für diesen Zweck allein der Kaiser 2000 Rthl. habe vorschiessen lassen. Endlich geschieht noch besondere Erwähnung eines „Smölszwerckhes", das aber schon bestanden zu haben scheint[3]).

---

[1]) Vgl. hierüber auch „Närrische Weisheit," S. 121 ff.: „... um das Werk im Fundament über den Haufen zu werfen, liess er (der Hofkammerpräsident) solche Privilegien und Reversalien concipiren, worauf das Werk wohl nicht beständig konnte angefangen werden. Als man eine Erläuterung deren begehrt und zwar nicht so für mich, als für diejenigen, so mit mir einstehen und Capital herschiessen wollten, nahm man es übel auf und wollt es auf ein crimen laesae majestatis deuten .."

[2]) Diese Reversabschrift liegt einem von Wilhelm v. Schröder anlässlich seines Ansuchens um Wiedererbauung des Manufakturhauses erstatteten Berichte über seine Intentionen u. dgl. bei. Abgedruckt in Beilage III.

[3]) Offenbar das oben erwähnte „Schellenbergische Schmeltzwerk". Vgl. S. 37.

Im Uebrigen geht aus späteren, unten zu erörternden Projekten hervor, dass wohl vor Allem an die „wülline, seiden- und Ledermanufactur" gedacht wurde.

Die Durchführung derselben, „die Einrichtung und Stabilitirung dieser und anderer Manufacturen" soll binnen zwei Jahren geschehen, welchen Termin Becher „gewiss und unfehlbarlich zu observiren" sich verpflichtet.

Was nun die Kosten des ganzen Unternehmens anbelangt, so kam folgende Uebereinkunft zwischen Becher und der Hofkammer zu Stande: Die Kosten, welche die Hofkammer zur Durchführung des Baues des Hauses (dass das Manufakturhaus dazumal [Oktober 1676] schon erbaut war, ist bereits in der Einleitung des Reverses erwähnt, wo von dem „neuerbauten Kunstund Werkhause" gesprochen wird) hatte die Hofkammer ja bereits bezahlt und es sollte nun hierüber eine Abrechnung gepflogen werden und nun in das Belieben der Kammer gestellt sein, die resultirende Summe „als ein Einlagecapital bei der vorhabendten Aufrichtung einer Compania mit anrechnen oder es mit järlichen 6 per cento verinteressiren lassen wolle . . ." eine definitive Regelung sollte aber erst nach 15 Jahren eintreten, wenn auch die Frage des Eigenthums an dem Hause entschieden wäre; wenn nämlich das Eigenthum des Hauses Becher und seinen „Interessenten" dann verbliebe, so sollten die vorgeschossenen Bauunkosten der Kammer refundirt werden; verbliebe das Haus aber eigenthümlich der Hofkammer, so solle diese die darüber (wohl zu verstehen: über die bereits von der Kammer berichtigten Baukosten) ausgelegten Bauunkosten[1]) erstatten.

Was die Natur des Privilegiums betrifft, das Becher zugestanden wurde, so finden sich mehrere ausdrückliche Bestimmungen, die einer für das allgemeine Beste nachtheiligen Ausbeutung desselben wehren sollten; dies gieng wohl aus der in den ökonomischen Anschauungen jener Zeit begründeten Besorgniss hervor, dass ein Privilegium leicht zum Monopole werden könnte:

1) Vor Allem ein allgemeiner Passus, wonach Becher verspricht, „durch die Introduction der sechserley Manufacturen keine Theuerung zu verursachen, sondern so vill als immer möglich die wolfeiligkeit, die güette bei den Wahren einzuführen".

2) Die Erklärung, dass er keineswegs verlange, dass „man etwa wegen seiner oder der im Landt fabricirten Wahren andere dergleichen aus der frembde herein verbietten, sondern es soll und mag sich ein jeder nach eigenem belieben damit versehen, wo er will".

---

[1]) d. h. überhaupt Einrichtungskosten, was daraus hervorgeht, dass gleich im anschliessenden Absatze gesagt wird, es sollen die vorhandenen „instrumenta" um künftige gute Nachricht willen in ein besonderes inventarium verzeichnet werden.

3) Das ausdrückliche Zugeständniss, dass sein Privilegium allen anderen, „so etwa dergleichen Manufacturen, wie die sechserley in Kunst- und Werkhaus seindt, im landt schon vorhin angelegt hätten, würklich fabriciren thätten und hierinnen privilegirt wären ... gantz unpräjudicirlich seye", „da er Niemanden einigen schaden zu thun verlange".

Endlich verspricht Becher gleichsam als Entgelt für das Privilegium dem Kaiser „zwei Percent von allen fabricirten und verkaufften Waren als gebürende recognition" und erklärt überdies, um jedes Missverständniss zu vermeiden, dass er, wie jeder andere, schuldig sei, den gewöhnlichen Zollaufschlag und alle derlei Gebühren, wie auch die „kayserlichen vectigalia" ordentlich und unweigerlich zu entrichten.

Dies waren die Modalitäten, unter denen die Einrichtung des Manufakturhauses erfolgen sollte und auch erfolgte, d. h. soweit nicht eben schon die Manufakturen introduzirt und alle sonstigen Verfügungen getroffen waren. Nur bleibt die Frage offen, ob Becher dann wirklich eine solche Kompagnie, wie sie schon seinerzeit im „Referat" und nunmehr in diesem „Revers" angedeutet wird, gebildet habe. Dies ist wohl nicht anzunehmen, denn Becher stellte sich ja immer noch auf den Standpunkt des Staatsdieners, der nomine des Staates oder Kaisers ein Unternehmen ins Werk setze, und darum protestirte er ja auch lebhaft gegen die Bestimmungen dieses Reverses, der ihn geradezu zu einem — und überdies sehr wenig begünstigten — Privatunternehmer macht, ihm das ganze Risiko und alle noch nicht bezahlten und noch aufzuwendenden Kosten zuwälzt. Warum Becher trotz dieses seines Protestes Vertrag und Revers dennoch unterschrieben, lässt sich wohl, wie schon angedeutet, damit erklären, dass er immer noch auf günstige Auslegung event. Abänderung einiger Vertragspunkte hoffte. Becher selbst widerspricht sehr lebhaft[1]) den nach seiner Abreise von Wien verlautbarten Gerüchten, er habe eine Kompagnie bilden wollen, diese und er seien „bancorupt" geworden, er sei bei Nacht und Nebel von Wien durchgegangen, nachdem er sich eine Kommission ins Ausland erschlichen. In der That scheinen dies vollkommen falsche Angaben und Verläumdungen zu sein; denn ein im Register des Hofkammerarchivs noch verzeichneter „Passbrief für Dr. Becher nach Holland und von dort her sammt bei sich habenden manufacturisten, leut, wagen und pferd wider

---

[1]) Vgl. Memorial: „. . Dass ich die Commission ausgeführt, um meine Abreise von Wien zu beschleunigen, hat gar keinen Grund, das dato meiner Abreise und Expedition wird wohl sechs Wochen von einander sein."
„. . ist zu verwundern, dasz wie die n. ö. Hofkammer vorgibt, sie nichts davon gewusst hat, da sie mir doch selbst einen schriftlichen Pass dazu gegeben und von meiner Besoldung ein halbes Jahr zur Reise geavanciret hat . . ."

anhero frei zu verreisen . . ." vom Dezember 1676 beweist nicht nur, dass Becher offen und mit Wissen der Hofkammer abgereist ist, sondern dass sogar seine Behauptung: „habe ich occasione wegen des Manufacturwerkes ohne das ins Reich verreisen müssen" (Memorial) vollkommen richtig war. Allerdings war der Hauptgrund seiner Abreise die Kommission wegen der „Confiscabilien", d. i. wegen Durchführung des Reichsediktes, das die Einfuhr gewisser französischer Waaren verbot und die Konfiskation der eingeführten Waaren dieser Art anordnete; Becher sollte zur Durchführung dieser vielfach unausgeführt gebliebenen Vorschrift die grösseren deutschen Handelsstädte bereisen[1]).

---

[1]) Die ausführlichste Nachricht über dieses ganze Confiscabilienwerk ist in Becher's „wolgemeintem, unvergreifflichem Gutachten, wie das Reichs-Edict in Bannisirung der frantzösischen Waaren in praxim und zum Effect zu bringen, auch was dem gesammten römischen Reiche und allen Ständen daran gelegen", 1678, enthalten. Vgl. auch die Einleitung S. 14.

III.

Das Manufakturhaus unter der Leitung Schröder's. Die Frage des wirklichen Betriebes desselben. Das Abbrennen des Hauses.

So war denn Becher Ende 1676 von Wien abgereist, um einmal das „Confiscabilienwerk" im Reiche durchzuführen und andererseits in Westdeutschland wie in Holland tüchtige Manufakturmeister für das Kunst- und Werkhaus anzuwerben; er sollte nicht mehr nach Oesterreich zurückkehren. Kaum war er fort, so begann die Intrigue nun noch viel lebhafter ihr Spiel. Seine Schreiben um Unterstützung und Geld zur Aufnahme von geeigneten Gewerbsleuten blieben unbeantwortet oder wurden abweislich beschieden[1]), überdies aber schrieb man ihm, er solle unverrichteter Sache nicht wieder zurückkommen, wenn er nicht in grosse Ungnade fallen wolle. Seine weiteren Briefe mit Klagen und Beschwerden wies man kurz ab und verläumdete ihn noch bei Hofe. Auch erhielt er weder Geldmittel zur Durchführung seines Auftrages, noch seinen Gehalt ausgezahlt, und ein ihm auf die Confiscabilien angewiesene grössere Summe (8000 Rthl.) wurde wieder supprimirt. Alles dies beruht freilich nur auf seinen eigenen Angaben im „Memorial" und der „Närrischen Weisheit"; denn amtliche Dokumente liegen hierüber nicht vor. Dennoch aber scheint es im grossen Ganzen richtig und somit dem Einflusse des Grafen Sinzendorf gelungen zu sein, Becher auf diese Weise ganz aus Oesterreich zu vertreiben und das Manufakturunternehmen im Keime zu ersticken.

---

[1]) Vgl. Närrische Weisheit S. 120 ff. „als ich nun ein Parthey Handwercksleuth in Frankfurt, Cölln und Holland zusammengebracht und der Promotorialen vonnöten hatte, auch darum schrieb, antwortete mir die kais. Hofkammer, dass ich solche schicken sollte und als ich darum sollicitirte, wurde sie wieder abgesagt, muszte also mit Schande und Spott die geworbenen Fabrikanten wieder gehen lassen" . . .

Was geschah nun aber mit dem Hause? Die (nach späteren Angaben) einträglichste und am besten gehende Bandmanufaktur war aus dem Hause genommen, den übrigen Arbeitern der Lohn schon seit langem nicht ausbezahlt, sie alle noch gegen Becher aufgehetzt worden[1]). Was Wunder, dass sie ihre Arbeit ganz einstellten, so weit diese noch im Gange war! was Wunder, dass wohl auch ein grosser Theil der Geräthschaften und Instrumente verschleppt oder zerstört wurde, und das Haus wirklich verlassen und öde dastand! Nun wollte man (wahrscheinlich von Seite des Hofes) dennoch das Werk um jeden Preis weiter betreiben und man sah sich daher, da Becher nicht zurückkam und nicht zurückkommen sollte, nach einem geeigneten Nachfolger um und fand denselben in der Person des schon in der Einleitung erwähnten nachmaligen berühmten „Kameralisten" und Verfasser der „Fürstlichen Schatz- und Rentkammer", Wilhelm v. Schröder[2]). Schröder war auch einverstanden, nur machte er die Bedingung, dass ihm das Manufakturhaus erb- und eigenthümlich überlassen werde. Dies wurde versprochen und die baldigste Ausfertigung eines diesbezüglichen Dekrets zugesagt; inzwischen sollte jedenfalls Schröder in Posses gesetzt werden und den Betrieb beginnen. Schröder that dies auch, indem er Arbeiter aus dem Auslande (England, Niederlande) kommen liess. Nun, nachdem er ohne grossen Schaden (der geschehenen Aufwendungen halber) zu erleiden, das Manufakturwerk nicht verlassen konnte, trat der Hofkammerpräsident v. Sinzendorf, der bis dahin die Dekretirung aufgeschoben und ihn immer mit guten Worten vertröstet hatte, mit Ansprüchen auf den Grund und Boden des Manufakturhauses hervor[3]). Als Schröder deshalb bei dem Kaiser Beschwerde

---

[1]) Vgl. Memorial. S. 16.
[2]) Vgl. Roscher a. a. O., S. 111: „Die meisten Bücher, welche dieses merkwürdigen Mannes Leben erörtern, Jöcher, Höck u. A., verwechseln ihn mit seinem Vater, der zu Anfang des 17. Jahrhunderts in Salzburg geboren war, später Doktor der Rechte, kaiserlicher Pfalzgraf und gothaischer Konsistorialdirektor wurde, den Herzog von Gotha auf dem westphälischen Friedenskongresse, sowie 1654 auf dem Regensburger Reichstage vertrat und 1663 als Geheimrath und Kanzler seines Landesherrn, sowie als unmittelbarer Amtsvorgänger v. Seckendorff's starb. Sein Sohn Wilhelm, Freiherr v. Schröder muss gegen 1674 in österreichische Dienste getreten sein. Von Oedenburg aus, wo seine Stellung nicht näher bekannt ist, reichte er auf kaiserlichen Befehl eine ausführliche Relation über den damaligen Zustand der Manufakturen ein, nebst Vorschlägen zu ihrer Verbesserung. In Folge davon übertrug man ihm das von Becher in der Wiener Leopoldstadt errichtete Manufakturhaus . . ." In der That sind auch keine urkundlichen Belege über seine frühere Wirksamkeit erhalten; seine späteren Lebensschicksale stehen in innigstem Kontakt mit der Geschichte des Manufakturhauses und sind im weiteren Verlaufe der Abhandlung vielfach erörtert.
[3]) Vgl. oben S. 32: Der Grund und Boden war ja wirklich Eigenthum des Grafen; nur hatte dieser schon gegen den jährlichen Zins denselben auf 10 Jahre verpachtet.

führte, wurde über Auftrag desselben unter Intervention des Obersthofmeister v. Zinzendorf und des Hofkammerrathes v. Selb die Sache dahin geordnet, dass Schröder sich mit dem Präsidenten des Grund und Bodens wegen vergleichen solle, im übrigen aber ihm 600 fl. Besoldung und 700 fl. adjuta dicosta insolange ausgeworfen werden, als er nicht mit einer ordentlichen Besoldung bedacht sei Er solle vorläufig ganz auf eigene Kosten das Manufakturhaus betreiben; wenn das Werk jedoch seinen guten Fortgang nehme, so habe er Gutmachung des Schadens und überdies noch 20 000 Reichsthaler zu erwarten. Mit dem Präsidenten Sinzendorf kam nun auch der Vergleich dahin zu Stande, dass derselbe „keine Difficultät wegen des Grundes und Bodens" machen, sogar darüber ein Versicherungsdekret ausfertigen lassen wolle, dagegen sollte ihm Schröder eine Zwirnmanufaktur in Oberösterreich (aber die nöthige Einrichtung auf Sinzendorf's Kosten) einrichten und Leute aus den Niederlanden herbeischaffen. Doch blieb dieser Vergleich undekretirt. Sinzendorf gieng der Pest wegen nach Böhmen, wurde 1679 seines Amtes entsetzt[1]); sein Nachfolger Freiherr v. Abele kümmerte sich nicht um die eben erwähnten Abmachungen. Er liess kurzweg Schröder auffordern, das Haus zu räumen und ein Hofkammerdekret an die Thürpfosten anschlagen, worin bekannt gegeben wurde, die Hofkammer hätte dies Haus an sich gezogen (alles dies, weil sich keine schriftliche Versicherung der Schröder'schen Ansprüche bei der Hofkammer vorfand). Schröder eilte nach Oedenburg zum Kaiser und erlangte auch die Bestätigung seines ungestörten Besitzes, indem der Kaiser die Hofkammer vorläufig anwies, Schröder „unperturbirt zu lassen" und dann auf dem Wege einer Kommission die Sache vorzunehmen und in Richtigkeit zu bringen. Dies ist trotz verschiedener Urgirungen unterblieben, überdies kam dann der Türkenkrieg und der Tod des Hofkammerpräsidenten hinzu, die eine endgiltige Erledigung der Sache unmöglich machten. Immerhin bleibt die ganze Zeit von 1680—1684 ziemlich unaufgeklärt, weil über diesen Zeitraum nur sehr spärliche Nachrichten vorhanden sind.

Zunächst wird es sich für uns darum handeln, zu ergründen, ob in dieser Zeit wie in der früheren Becher'schen Periode (von 1673—76) das Manufakturhaus wirklich in ordentlichem Betriebe gewesen ist. Diese Frage muss in zwei Fragen aufgelöst werden: 1) Ob das Manufakturhaus unter Becher schon in Betrieb gewesen? 2) Ob Schröder als Leiter des Hauses einen wirklichen Betrieb durchführte? An der Bejahung der ersten Frage bleibt wohl nach allen Erörterungen kein Zweifel; einmal behauptet Becher

---

[1]) Vgl. hierüber Majlath, Oest. Gesch. IV. 373 ff., auch Adam Wolf, Hofkammer unter Leopold I. Sitzgs.-Ber. d. Akad. p. 1853.

selbst es an vielen Stellen[1]), und andererseits kann es kaum für möglich gehalten werden, dass die Regierung oder vielmehr der Kaiser, auf dessen Kosten ja das Haus errichtet worden war, es zugelassen hätte, dass das Manufakturhaus nicht in möglichst kurzer Zeit in Gang gebracht wurde; das geht ja schon daraus hervor, dass schon Bechern gleich bei der Uebernahme ein Termin von zwei Jahren „zur Einrichtung und Stabilitirung dieser und anderer (d. h. aller) Manufacturen" gesetzt wurde, den er „unfehlbarlich zu observiren" versprach.

Weiters aber sprechen zwei ausdrückliche Fakta, die in den Akten erwähnt werden, dafür. Erstens, dass die schon oben erwähnte Bandmanufaktur nach Becher's Entfernung von Wien von Anderen fortgesetzt, freilich auch gegen die Bestimmung des Privilegiums aus dem Hause fortgenommen wurde, eine Thatsache, die doch entschieden darauf hinweist, dass diese Manufaktur schon in dem Kunst- und Werkhaus betrieben worden war. Ferner nennt Schröder diese Bandmanufaktur ein „einträglich Werk" und verwahrt sich gegen die Behauptung des Privilegiums von Seite der „Interessenten" (Rechtsnachfolger) Becher's, weil weder Becher noch sie befugt gewesen wären, „ein stuck aus den Privilegiis allein, woraus nur Nutzen zu nehmen, zu continuiren, die anderen aber, woran dem publico mehr gelegen, liegen zu lassen..." Man kann hieraus schliessen, dass Becher mehrere Manufakturen wirklich durch kurze Zeit betrieb (worauf vielleicht auch schon das Instrumenteninventarium, von dem er im Reverse spricht, hinweist), dass aber von diesen nur die Bandmanufaktur einträglich sich gestaltete, die anderen aber nicht rentirten. Becher kam daher zu der vom Standpunkte seines Privatvortheils nicht unrichtigen Idee, die Bandmanufaktur aus dem Hause heraus zu nehmen und selbständig zu etabliren, auch an Rechtsnachfolger weiter zu veräussern, das Manufakturhaus einfach leer stehen zu lassen[2]) und zu „abandoniren", umsomehr, als er ja gerade zu jener Zeit schon aus anderen Gründen Oesterreich verlassen musste.

Ob nun auch die Regierung von dem Uebergange der Bandmanufaktur an Andere Kenntniss hatte? Gewiss! der niederösterreichische Kammerprokurator, der sich in allen Privilegiensachen zu äussern hatte, erwähnt ausdrücklich anlässlich eines Gutachtens bezüglich der Wiedererbauung, von dem wir weiter unten zu sprechen haben werden: „... was nun aber die begehrte Bestätigung des privilegiums betrifft, so erinnere ich mich aliunde und habe von diesem privilegium particular-

---

[1]) Vgl. Becher, Memorial S. 17 und Närrische Weisheit S. 121.
[2]) Dass der Betrieb der anderen Manufakturen aufhören musste, nachdem Becher abgereist war, die Arbeiter von niemand mehr ihren Lohn erhielten, erscheint natürlich. Becher deutet diese Eventualität in einer späteren Proposition auch an.

nachricht, dasz selbiges zwar wol auf dieses Manufacturhaus gewidmet, es lautet aber und ist individualiter auf Pöcher, gewesenen Commercienrath, ausgefertiget, von welchem es mit kayserlicher Concession auf Herrn Bischof Rochas und endlich hat es dieser durch gütliche Transaction an beide Herren Baron Geyer von Edlbach gebrüder cum omni jure et causa cedirt und überlassen (vgl. oben S. 45), welche solches Manufacturprivilegium meines Wissens noch de facto in handten, und bereits noch vor anderthalb Jahren (das Gutachten ist aus dem Juli 1684) nicht allein die Confirmation darüber, sondern auch gewisze extension und Einrichtung nach dem jetzigen Lauf der Zeiten und des commercii bei hof angesucht haben . . .."

Nach allen diesen Daten lässt sich mit Bestimmtheit behaupten, dass wirklich Becher eine Zeit lang mehrere Manufakturen im Kunst- und Werkhause betrieb, dass jedoch, als er Oesterreich verliess, jeder Betrieb im Manufakturhause schon eingestellt war. —

Nun kämen wir zur Erörterung der zweiten Frage: Ob Schröder, als er die Leitung des Manufakturhauses von 1677 bis 1683 inne hatte, einen wirklichen Manufakturbetrieb inscenirte oder ob diese Zeit mit blossen Vorbereitungen und dem ewigen Zank mit der Hofkammer wegen des Eigenthums an dem Hause verstrich?

Diese Frage ist allerdings schwieriger als die erste mit Sicherheit zu beantworten; zum mindesten finden sich in unseren Quellen keine vollkommen genügenden und verlässlichen Anhaltspunkte. Schröder selbst behauptet allerdings, er habe „leuth herbeigebracht, das manufacturwerk ernstlich und mit guter success angegriffen, es dann auch der so viel aufgewendeten Kosten halber ohne groszen verlust und schaden nicht wieder abandonniren können . ." (vgl. S. 51); er spricht an einer anderen Stelle, er habe bereits in Oedenburg (vgl. S. 52) 9000 fl. liquidirt, welche er „in Aufrichtung der Manufacturen durch die unglückselige Pestzeit verloren"; weiter, er habe auch das Haus auf seine Kosten reparirt (was wohl auf einen Betrieb deutet) und „in esse erhalten", dann aber seien ihm durch den türkischen Einfall „alle manufacturen, instrumenta, materialien und Fabriken auf etzliche tausend Reichsthaler sich belauffend, verbrennet oder consumiret worden, welches aller halber vermöge Contracts er bei der Hofkammer billigermaszen eine Refundirung des schadens zu suchen hätte . . ." Er beruft sich überdies auf die Kenntniss des Kaisers selbst: „. . Dass ich aber allem versprechen ein völliges Genügen geleistet und die Manufactur nicht allein in Stand gebracht, sondern auch zur Continuirung derselben solche Mittel angewiesen . . ., solches weisz sowol Ihre Kayserliche Majestät, als welcher alles dergleichen von Ihrer Excellenz Grafen Albrecht v. Zinzendorf ist überreichet worden"; endlich weist es auch die „processen", die er, „der manufactur halber bei der regierung gehabt, indem sonst so viel Opponenten sich nicht hervor getan hätten . . ."

Nun kann man wohl annehmen, dass Schröder nicht gewagt hätte, sich selbst auf des Kaisers Wissen von seinen Leistungen zu berufen, wenn gar kein Betrieb stattgefunden hätte.

Ausserdem liegen aber zwei objektive Daten vor, nämlich die schon oben erwähnten Konstatirungen der auf die Brandstatt zur Beaugenscheinigung entsandten Kommission; diese spricht nämlich von einem „Stöckhel", in dem Schröder seine Wohnung gehabt, und von einer Glashütte, die in der Art erwähnt wird, als hätten die Kommissäre von dem früheren Betriebe derselben aus eigener Erfahrung Kenntniss.

Diese zwei Umstände bestätigen also die Angaben Schröders und würden im Zusammenhalt mit denselben nicht viel Zweifel an der Richtigkeit derselben lassen, zumal das, was Schröder in seinen verschiedenen Gesuchen und Berichten aus dem Jahre 1684, als es sich um Wiederaufbau des Hauses handelte (die sämmtlichen zitirten Stellen sind diesen entnommen), erwähnt, schon in früheren, allerdings auch nur Schröder'schen Angaben bekräftigt wird.

Aus dem Jahre 1680 liegt uns ein Gesuch Schröders um Erfolglassung von ihm bereits angewiesenen 300 fl. vor, die er bei diesen schweren Zeiten höchst benöthige, indem er „. . . . um Ihrer Majestät allergnädigsten Befehl zu vollziehen, zu Beförderung der Manufacturen alle paar mittel dahin employiret habe, auch dieweilen bey diesem Sterben (der pesth) etzliche englische Handwerker mit todt abgegangen, welche zu ersetzen von dannen wider andere zu verschreiben nötig ist . . ." Auch hier ist kaum anzunehmen, dass er es gewagt hätte, vollkommen erlogene Angaben bei der Hofkammer anzubringen, die ja jederzeit in der Lage war, sich von der Richtigkeit derselben zu überzeugen. Ueber dieses Gesuch relationirt das befragte Hofzahlamt: „. . . dem Suplicanten, der keine fixe Besoldung habe, sei nur jeder Zeit dasjenige baar bezalt worden, was vorher von der hochl. Hofkammer ihm zu seiner Unterhaltung und wegen Einrichtung der Wollmanufacturen gnädigst angeschafft worden." Auch dies, wenn es auch nicht den wirklichen Betrieb beweist, zeigt doch, dass ein solcher vorausgesetzt wurde. Endlich ist es kaum glaublich, dass die Hofkammer sich durch den Vorwand der „Vorbereitung" etc. hätte jahrelang hinhalten lassen.

So wäre also mit ziemlicher Bestimmtheit zu konstatiren, dass Schröder das „Manufacturwerk" im Manufakturhause und noch dazu ziemlich eifrig betrieben, wenn nicht ein nicht ungewichtiges amtliches Dokument den lebhaftesten Zweifel wach riefe. Dies ist ein Gutachten des kais. Hauptmauthamtes am Rothen Thurm, welches auch anlässlich der Wiedererbauung des Manufakturhauses und zwar gleichsam als amtliche Vertretung der Manufaktur[1]) einvernommen worden war. Dieses äussert sich nun: Es sei ihr weder bekannt, „was Schrötter mit dem Grafen Sinzendorf wegen des am Tabor gestandenen Kunsthauses für Pacta und Verträge gehabt habe, noch auch was für Manufacturen in selbigem fabrizirt worden", da beim Mauthamt niemals etwas von dergleichen Manufakturen gesehen worden . . . „es halte daher dieses für Dr. Becherische anschläg, welche alle zu gar schlechtem Effect ausgeschlagen haben . . ."

Diese Ausserungen eines zur Vertretung der „Manufactur" berufenen Amtes scheinen einen Betrieb im Manufakturhause wirklich vollkommen auszuschliessen, d. h., wenn wir sie als objektiv und unparteiisch hingestellt annehmen — und das waren sie, da sich nirgends die mindeste Spur findet, dass das Mauthamt irgendwie beeinflusst gewesen sei, auch die Schlussbemerkung, worin das Amt die Bewilligung des Schröder'schen Ansuchens, wenn auch ohne Präjudiz des Kammergefälles, empfiehlt, die Annahme einer Schröder feindseligen Gesinnung ausschliesst. Wir müssten mithin aus dieser Aeusserung des Hauptmauthamtes den für die Bedeutung des Manufakturhauses unter der Leitung Schröders jedenfalls recht traurigen Schluss ziehen, dasselbe sei, wenn auch nicht geradezu auf dem Papier, aber doch auf dem Tabor ruhig stehen geblieben und hätte sich nie in praktischem Betriebe bethätigt oder doch nur auf ein wenig Experimentiren beschränkt. Aber selbst in letzterem Falle hätte ja das Mauthamt, wenn es von jeder nach Wien eingebrachten Waare Kenntniss hatte, auch von den wenigen Erzeugnissen des Manufakturhauses etwas erfahren müssen.

Wenn wir also die anderen oben angeführten Beweise für die praktische Thätigkeit des Manufakturhauses nicht als ganz hinfällig ansehen wollen, lässt sich die Aeusserung des Hauptmauthamtes wohl nur auf zwei Weisen erklären: entweder giengen die Produkte des Hauses nicht unter dem Namen desselben in den Handel . . . und dafür haben wir allerdings gar keine Beweise oder Anzeichen, vielmehr sprechen die Erläuterungen, die Schröder über das Wesen und den Betrieb eines Manufakturhauses gibt (freilich nur theoretisch), ganz dagegen, oder hatte einfach das Hauptmauthamt nicht von allen Waaren Kenntniss und wusste daher vom Manufakturhause wie von vielen anderen Produzenten nichts.

Ferner spricht aber gar manches dafür, dass das Hauptmauthamt ein **ziemlich schlecht orientirtes und ge-**

---

[1]) Die n. ö. Buchhalterei, der zuerst die Hofkammer ein Gutachten abgefordert hatte, hatte berichtet: in der hinterlassenen Registratur sei über das Manufakturhaus und das Privilegium nichts zu finden, darum könnte die Buchhalterei gar nichts darüber sagen; sie rathe im übrigen, vorher ratione des suchenden privilegii den n. ö. Herrn Kammerprokurator, ratione der Manufaktur das kais. Hauptmauthamt am Rothen Thurm einzuvernehmen.

führtes Amt gewesen sei. Wieso kam es denn, dass es überhaupt nichts von dem Betrieb des Hauses unter Becher wusste und zuversichtlich war es doch schon bei der ersten Privilegienertheilung (ratione der Manufaktur) einvernommen worden? . .
Es scheint überhaupt, dass durch den höchst komplizirten und verwirrten Amtsorganismus derlei „Unwissenheiten" zu jener Zeit nichts seltenes waren, findet sich doch selbst in der Registratur der „hinterlassenen Kammer" laut Gutachten der niederöstr. Buchhalterei gar nichts über Bau und Kosten des Manufakturhauses (vgl. Anmerkung S. 56) und glaubt ja selbst die n. ö. Buchhalterei, ein mit der Hofkammer sehr eng verbundenes Amt[1]), (das u. a. wohl auch die Registratur führte): es sei überhaupt zu bezweifeln, ob das Manufakturhaus aus kaiserlichen Mitteln erbaut worden wäre?! Warum sollte das Hauptmauthamt so viel besser informirt gewesen sein? Und dann hatte das Mauthamt überhaupt auch nur die Pflicht, alle Waaren etc. zu registriren oder von den Produzenten Kenntniss zu nehmen? Sollte vielleicht gerade diese Kenntniss nicht auf die weniger zahlreichen besonderen Fälle beschränkt gewesen sein, etwa auf Fälle der Mauthbefreiungen u. Ähnlichem? Und gerade in diesem Falle wären ja die Waaren des Manufakturhauses nicht zur Notirung gekommen, da ja schon Becher auf die Mauthbefreiung verzichtet hatte[2]) und dieser Status wohl auch offenbar unter Schröder aufrecht erhalten worden war. Zudem darf man nie die damaligen Zeitverhältnisse vergessen. Das Hauptmauthamt gab sein Gutachten 1684 ab; über ein Jahr war das Manufakturhaus schon abgebrannt, vielleicht aber hatte es schon früher (1681) der Pest wegen seinen Betrieb einstellen oder sehr restringiren müssen, — wir wissen ja beispielsweise aus Schröder's Berichten, dass ihm englische Arbeiter mit Tod abgegangen waren.

Kurz, man kann wohl behaupten, dass das Gutachten des Mauthamtes nur auf ungründlicher Information und Unkenntniss der Sache beruhte, und darum nicht geeignet scheint, die verschiedenen Beweise, die für einen Betrieb im Manufakturhaus sprechen, hinfällig zu machen.

So scheinen also beide oben gestellten Fragen, ob das Manufakturhaus unter Becher, ob unter Schröder in wirklichem Betrieb gewesen sei, bejaht werden zu dürfen. —

Allein dieser Betrieb sollte nicht lange dauern.

Es ist eine historisch feststehende Thatsache, dass bei der zweiten Belagerung Wiens 1683 das Manufakturhaus, das in der Leopoldstadt „auf dem Tabor" errichtet worden war, ganz

---

[1]) Vgl. hierüher Wolf, Die Hofkammer unter Leopold I. In den Sitzungsberichten der Wiener Akademie, Phil.-hist. Klasse, pro 1853.
[2]) Siehe Seite 48.

niedergebrannt wurde[1]), so zwar, dass kein Stein auf dem anderen blieb. Die Angaben Schröder's verdienen in dieser Hinsicht vollen Glauben und überdies bestätigt dies der Bericht einer Kommission, die, wie weiter unten erörtert werden soll, den Platz wegen Wiedererbauung des Hauses in Augenschein nahm. Hier heisst es: „. . . Was nun die . . . brandstatt des vormahligen Manufacturhauses sammt den dazu gehörigen Gründen betrifft, so beträgt das spacium dieses Grundes der Breit und Länge nach 80 Schritte und sind von dem Haus fast einige rudera nit mehr zu sehen, jedoch stehen von dem innern Stöckhel, so Herr v. Schröder zur Wohnung gebraucht hat, etliche wenig Mauern so aber auch beginnen zu verfallen, ebenso auch die vorgeweste und auf diesem grundt stehente glashütte mehrerenteils ruiniret und von einander gefallen ist . . so ist dies alles zusammen eine lautere öde, die in Gebrauch zu bringen ein Ehrliches kosten wird . . ."

---

[1]) Vgl. Weiss, Geschichte der Stadt Wien. — Majlath, Oest. Gesch. IV. Bd. — Schröder in der Einleitung zur „Fürstl. Schatz- und Rentkammer". —

IV.

Das Projekt des Wiederaufbaus des Hauses.

Durch das Abbrennen des Manufakturhauses hatte Schröder, der — und das scheint wohl vollkommen glaubwürdig — viel Geld in das Unternehmen gesteckt, das ja auf seine eigene Regie gieng, grosse Vermögensverluste erlitten. Was war natürlicher, als dass er, um einerseits seine bisher gemachten Studien und Erfahrungen zu verwerthen, andererseits, da er seine Ansprüche auf das ihm seinen Angaben nach eigenthümlich überlassene Manufakturhaus wenigstens noch bezüglich des Grundes und Bodens geltend zu machen, einen neuerlichen Versuch einer Wiederaufnahme dieses Unternehmens machen wollte? Allerdings musste er jetzt in seinen Anforderungen an den Staat sehr bescheiden sein, da zweifelsohne zu jener Zeit Staat und Hofkammer mit Rücksicht auf das missglückte Becher'sche Unternehmen und das neuerliche Unglück des Abbrennens des Hauses bereuten, so viel Geld in das „Manufakturwerk" gesteckt zu haben. Er begehrte also (1684) von der Hofkammer nichts weiter, als die unentgeltliche Ueberlassung der Brandstatt des Manufakturhauses und wollte sich dafür anheischig machen, das Haus wieder aufzubauen und das projektirte Manufakturwerk auf eigene Kosten weiter fortzuführen. Sein Gesuch begründete er mit dem Hinweis auf seine Ansprüche an das Haus und somit auch an die Brandstatt desselben, mit dem Hinweis auf den grossen Schaden, den er durch Betrieb eines doch auch im Gemeinwohl liegenden Unternehmens erlitten und auf die Förderung des öffentlichen Interesses, die in hohem Masse durch eine solche Wiederaufnahme des Manufakturbetriebes geschehe, umsomehr als jetzt durch die fürchterlichen Ereignisse der letzten Jahre Handwerk und Manufaktur in den Erblanden und insbesondere in Niederösterreich schwer darniederliege. Wir wollen die Erledigung dieses Gesuches, die zugleich ein interessantes Bild des schwerfälligen Amtsorganismus jener Zeit bietet, des Näheren verfolgen.

Die Hofkammer, deren Präsidium inzwischen gewechselt hatte — Abele war 1683 gestorben und Graf Andreas Rosenberg ihm nachgefolgt — und bei der überdies wohl auch durch die Ereignisse des letzten Jahres das Manufakturhaus theilweise in Vergessenheit gerathen war, war nicht in der Lage, sofort zu entscheiden, und verlangte daher erst der n. ö. Buchhalterei (die die Registratur führte) Gutachten und umständlichen Bericht ab[1]).

Dieselbe äussert sich wie aus dem theilweise mitgetheilten Gutachten (unter dem 2. Mai 1684) schon bekannt und schliesst: Sie rathe gleichwohl zur Bewilligung des Gesuches, natürlich nur unter den Modalitäten bezüglich der Kosten, die Schröder selbst proponiret habe; doch müsste vorher der Herr n. ö. Kammerprokurator „ratione des suchenden privilegii", das kaiserliche Hauptmauthamt am Rothen Thurm „ratione der Manufactur" einvernommen werden (vgl. Anm. Seite 56).

Die (hinterlassene) Hofkammer gibt nun das Schröder'sche Gesuch mit diesem Gutachten zunächst an das Hauptmauthamt. Dieses relationirt in dem schon oben mitgetheilten Berichte und formulirt sein Gutachten dahin: Wenn der Bewerber ohne Entgelt und sine präjudicio des Cameralgefälles dergleichen einzuführen vermeine, so rathe das Amt nicht davon ab, ihm dazu irgend einen Ort vor der Stadt anzuweisen.

Der ganze Akt wandert nun weiter (19. Mai) an den n. ö. Kammerprokurator, Dr. v. Albrechtsberg, der nach Urgirung seitens der Hofkammer (im Juli) ein höchst gelehrtes, in der Einleitung mit Citaten gespicktes Gutachten erstattet: Nachdem er vorerst das Ansuchen des Bewerbers erläutert und die bisher erstatteten Gutachten reproducirt hat, beginnt er nun im allgemeinen über die Nützlichkeit der Manufaktur und die Förderung derselben sich auszulassen und geht schliesslich „in specie ad casum nostrum" folgendermassen ein: er schliesse sich fast der Ansicht des Hauptmauthamtes an, dass nicht viel „bessere effectus von dem Herrn Supplicanten und seinen anschläg heraus kommen dürften, als man schon erfahren und gesehen hat, was die Pöcherischen Inventiones und geführte Concepta ausgebriethet haben, deren notorie nicht eine von allen seinen Cammercii-anschlägen dergestallt reussiret, dasz dadurch (oder) einige melioration der Kaysl. Cameralgefällen verschafft oder auch die geringste Nuzbahrkeit dem gemeinen Wesen zugewachsen wäre"[2]). Auch

---

[1]) Das Gesuch gieng vorerst an die derzeit in Linz befindliche (sog. „anwesende", d. h. immer im Gefolge des Kaisers befindliche) Hofkammer und wurde von dieser am 12. April 1684 der „hinterlassenen" (d. h. in Wien verbliebenen) Hofkammer um umbständlichen Bericht und Gutachten zugestellt. Dies forderte dann der n. ö. Buchhalterei unterm 19. April Gutachten und Bericht ab.

[2]) Man ersieht hieraus, wie die Becher'schen Projekte und ihre (allerdings meist missglückte) Durchführung von den Hof- und Staatsämtern betrachtet wurden.

macht ihm die Aeusserung des Mauthamtes über das Unbekanntsein der Erzeugnisse viel Bedenken; schliesslich konformirt er sich den bisherigen Gutachten, dem Supplikanten die Durchführung seines Projekts jedoch nur auf seine eigenen Spesen zu gestatten und ihm auch den Grund und Boden, falls nicht schon andere Dispositionen getroffen seien, zu diesem Zwecke zu überlassen.

Was nun aber die angesuchte Privilegiumsbestätigung betreffe, so erinnere er sich, dass dasselbe individualiter auf Pöcher (Becher) gelautet habe und von demselben weiter übertragen worden sei (vgl. oben Seite 45 und 54). Um also einmal mit dem Privilegium sicher zu gehen und andererseits Genaueres über das Projekt zu erfahren, ob nicht etwa Jemandem ein jus violirt oder ein Monopolium beabsichtigt werde, beantragt er eine „merere Untersuchung" durch eine Kommission, die Schröder einzuvernehmen und darüber zu relationiren habe.

Das Gutachten sammt Vorakten wird nun von der „hinterlassenen Hofkammer", die sich mit dem Prokurator einverstanden erklärt, an die (in Linz) anwesende Hofkammer übersendet (13. Juli). Dieselbe bestellt nun den kais. Hofkammerrath v. Albrecht und den obengenannten Kammerprokurator Dr. v. Albrechtsberg zu Mitgliedern der Kommission, die Schröder genauer einvernehmen und dann relationiren solle.

Die Kommission erstattet (im November) folgenden Bericht: Sie habe den Grund und Boden in Augenschein genomen, den Supplikanten gründlich einvernommen und schliesse dessen abgeforderte schriftliche Beantwortung der ihm vorgelegten Fragen bei. Ihre Ansicht über die Sache formuliren sie dahin: Wiewohl seine (Schröder's) „conatus in diesem Manufakturwesen niemahlens recht reussiren wollen, also stehts auch noch dahin, und wird endlich die Zeit künftig den effect zeigen müssen, welcher unseres Erachtens vielleicht mehr zu wünschen als zu hoffen sein wird . .", dennoch glaube sie, dass ihm die Probe zu machen „um so viel eher zu vergünstigen seye, als er dieses vorhabente Manufacturwerk nicht nur allein vor jetzo zu introduziren, sondern auch mit eigenem Verlag vorwertz zu prosequiren (vorhabe)" unter der Bedingung, dass ihm die vormals verwilligt gewesene jährliche Pension von 600 fl. für alle Zeit kassirt sein solle; im Uebrigen möge man ihm dafür von Seite der Kammer wegen Aufrichtung des Privilegiums möglichst an die Hand gehen.

Was aber speziell die erb- und eigenthümliche Ueberlassung der Brandstatt betreffe (nun folgt die schon oben erwähnte Beschreibung derselben, vgl. Seite 58), so halte die Kommission dafür, dass allerdings, da Schröder diesen Grund vormals in wirklichem posses gehabt, viel Geld hineingesteckt, grossen

Schaden erlitten habe, eine solche Ueberlassung stattfinden möge, „jedoch mit dieser austrücklichen condition, dass er nicht allein die Wiederaufbauung auf seine Kosten vornehmen, sondern auch, was er erbauen würde, präcise und allein zu denen Manufacturen appliciren und gebrauchen werde, sich hierüber auch verreversiren solle"

Diese m Kommissionsberichte ist die schriftliche Beantwortung der dem Schröder vorgelegten Fragen unter der Bezeichnung „Gehorsamer Bericht Wilhelm v. Schröder's[1]) wegen Wiedererbauung des Manufacturhauses aufm Tabor" beigeschlossen. Dieses Dokument ist seines reichen Inhaltes wegen, der sich nicht blos auf die Darlegung seiner Rechtsansprüche bezieht, sondern eine genauere Erörterung dessen enthält, was Schröder eigentlich in dem Manufakturhause durchzuführen beabsichtigte, hochinteressant. Es dient zur Charakteristik der Schröder'schen Anschauungen überhaupt wie des Projektes des Manufakturhauses im speziellen und verdiente auch in dem Falle, als die oben aufgestellte Ansicht über den wirklichen Betrieb des Manufakturhauses unrichtig und dasselbe nie in Wirksamkeit getreten wäre, dennoch volle Berücksichtigung. Wir müssen daher an dieser Stelle genauer auf die einzelnen Punkte desselben eingehen:

Schon in der Einleitung legt Schröder die Haupt- und Endabsicht seines Unternehmens dar, die wohl identisch ist mit der Idee des Manufakturhauses, wie sie schon bei Gründung desselben ins Auge gefasst wurde. Er gedenkt: „. . . . das Haus wieder zu erbauen und allerley Handwerker da hinein zu bringen, damit nicht allein aus dem Haus die durch den Krieg ruinirten plötze in Oestreich mit tüchtigen Handwerkern und nahrhaften Menschen ersetzt und das Land an Menschen als auch an Nahrung wieder zunehmen möchte, sondern auch damit alle Handwerke nach und nach, welche jetzo in Oesterreich nicht bekand, theils aber ad necessitatem, theils ad delicias, theils ad ornamentum Reipublicae dienen umb welcher willen so viel Geld aus dem Land geführt werde, möchten introducirt werden".

Hierin liegt, besser ausgedrückt, als in der langathmigsten Erörterung der ganze Gedanke des Manufakturhauses: dasselbe sollte sein 1) eine staatliche (oder doch von Staatswegen errichtete, rücks. privilegirte) Anstalt zum Zwecke der Ausbildung tüchtiger Handwerker, an denen es nun (1684) noch viel mehr als 1676 vor der Pest und dem Türkenkriege mangelte — also eine Art praktischer Lehranstalt (vielleicht den modernen Lehrwerkstätten zu vergleichen) — es sollte aber auch sein 2) eine Musteranstalt, die berufen sein sollte, jene Gewerbszweige, die in Oesterreich noch nicht bekannt waren, einzuführen und die zwar bekannten, aber ungenügend gut betriebenen zu ver-

---

[1]) Abgedruckt in Beilage III.

bessern; und hierin liegt nun auch der dritte, nicht so ausdrücklich erörterte, aber nicht minder hochwichtige Zweck: es sollte sein 3) ein nicht unwesentliches Mittel zur Besserung der Export- und Importverhältnisse, indem es eben alle Industriezweige (oder mindestens die Hauptindustriezweige) des Auslandes im Inlande einbürgern und damit den Import dieser Waaren überflüssig machen und dem Lande zur grösseren wirthschaftlichen Unabhängigkeit verhelfen sollte. Dies alles waren grosse Aufgaben, es war ein sehr hochgestecktes Ziel; und darum ist es vielleicht um so weniger zu verwunden, wenn das Manufakturhaus bei den überdies stets andauerndern ungünstigen inneren wirthschaftlichen Verhältnissen überhaupt zu keiner bedeutsamen Wirksamkeit kommen konnte; zudem fehlte ja doch jetzt das gänzlich, was bei diesem grossen Unternehmen wohl unumgänglich nothwendig war, die ausreichende materielle Unterstützung von Seite des Staates.

Schröder erörtert nun kurz, dass ihm von Seite der Kommission vier Fragen vorgelegt worden seien, die er in Folgendem sattsam beantwortet zu haben glaube. Diese Fragen waren:

1. Was für einen Zuspruch (Anspruch) er am Haus zu haben vermeinte?
2. Wie er wollte das Haus wieder aufbauen?
3. Was er für Handwerker dahin zu bringen gesonnen?
4. Was er für Privilegia verlange?

Die Beantwortung der ersten Frage enthält nur eine nochmalige genaue Schilderung der Entstehung und bisherigen Führung des Manufakturhauses, seiner Thätigkeit und seiner Verluste, die schon oben eingehend erörtert wurden; die zweite Frage beantwortet er kurz dahin, „dass ja darinnen sein eigen Interesse begriffen sey, welches zu beschleunigen er keine Zeit noch Fleiss sparen werde".

Die Beantwortung der dritten und vierten Frage aber lässt uns einen Einblick thun, wie Schröder sich die Einrichtung und den Betrieb des Manufakturhauses dachte oder wie er sie wohl auch schon (wenigstens zum Theil) in der Zeit seiner bisherigen Leitung des Hauses durchgeführt hatte.

Um zunächst klar zu machen, wie er sich die Wirksamkeit eines „Manufakturhauses" überhaupt, ohne Bezugnahme auf besondere örtliche oder staatliche Verhältnisse denke, verweist er auf ein (dort beiliegendes) Gutachten[1]), das er für einen Reichsstand[2]) verfasst habe. Hierzu erörtert er: Der Hauptübelstand des ganzen Gewerbewesens seien die „Innungen und narrischen Handwerksordnungen der Zünffte", deren sonderliche von alten

---

[1]) Das Gutachten ist in Beilage IV. abgedruckt.
[2]) Wer dies war, ist nicht festzustellen; Schröder nennt den Namen nicht.

römischen Kaisern[1]) conferirte privilegia nicht eher abgeschafft werden könnten, so lange nicht communi consensu statuum Imperii auf dem Reichstage vorgegangen würde. Inzwischen aber könne diesem Unwesen auf einfachere Art ein Riegel vorgeschoben werden, wenn nämlich ein „Manufacturhaus" errichtet würde. Dieses Haus sollte eine Freistätte sein für alle (nicht zunftmässigen) Handwerker, sie kämen wo immer her, dabei müsste das Haus kein die Rechte der Zunft einschränkendes Privilegium bekommen, es würde das einzige Recht der Handwerker in dem Hause genügen — frei das Handwerk in dem Hause lehren zu dürfen und, ohne sich um die Zahl der Lehrjahre zu kümmern, ihre Lehrlinge, „sobald sie zur perfection kommen, freisprechen zu dürfen". Die Freigesprochenen wären dann befugt, sich im ganzen Lande, wo immer sie wollten, niederzulassen, ihr Handwerk frei auszuüben und auch Lehrjungen auszubilden; vom Wanderzwange wären sie befreit. Dabei bestände zwischen den schon ausserhalb des Hauses Wohnenden und dem Manufakturhause immer noch ein Zusammenhang, der ja schon dadurch ausgesprochen erscheint, dass der Lehrbrief „sub sigillo des Hauses" ausgestellt würde. Sie müssten nämlich auch ihre Lehrlinge im Hause „einschreiben" lassen und bei deren Loszählung könne auch nur unter dem Siegel des Hauses der Lehrbrief ausgestellt werden. So wäre es dann möglich, dass durch diese freigesprochenen Handwerker „sich das Manufacturhaus über seine Mauern ins ganze Land extendiren würde, dergestalt, dass alle die, so entweder im Manufacturhaus gelernet oder von dehme, so vom Manufacturhaus dependiret, gelernt haben, ebenso als wohnten sie im Manufacturhaus, considerirt würden".

Die „Multiplirung" des Handwerks sei darum zu hoffen, weil in Erlernung des Handwerks so viel Jahre erspart würden und weil mit Aufhebung des Wanderzwanges jeder sich möglichst rasch selbstständig niederlassen würde; auch sei es nicht zu befürchten, dass der eine oder andere „aus dem Lande sich verlauffen" würde; denn alle müssten, da sie anderswo von den Zünften nicht geduldet würden, im Lande bleiben, wo sie privilegiret sind. Ueberdies aber könnten alle diese Handwerker jederzeit im Manufakturhaus Belehrung schöpfen; denn die Meister daselbst sollten gehalten sein, ihnen alles zu zeigen und zu sagen, was sie zu wissen begehrten.

Diesen allgemeinen Plan des Manufakturhauses und seiner Privilegien führt Schröder nun in Beantwortung der ihm vorgelegten Fragen mit Rücksicht auf die speziellen lokalen (österreichischen) Verhältnisse folgendermassen weiter aus: Nachdem das beabsichtigte Manufakturwerk dem Publiko zum Besten sein

---

[1]) Interessant ist, dass also auch Schröder die damals herrschende Ansicht und Auffassung der Zunftrechte als römisch-rechtliche Privilegien theilt.

solle, die (ausschliessenden) Privilegia aber zum Nachtheil aller und zum Untergang der Manufaktur führen, so begehre er generaliter „kein privilegium privativum, sondern nur cumulativum", nämlich: „1. dass alle dergleichen Künstler und Handwerker in diesem Haus dürfen frey unterhalten und an die Arbeit gebracht werden; 2. dass in der stadt Wien solches Haus ein oder mehr gewölb öffentlich halten dorfte, seine Facturen daselbst zu verkaufen[1]); 3. dass auch in dem Haus selbst allerley, was es seye, zu verkaufen, frey gelassen seye; 4. damit die Arbeiter nicht unter anderem proetext Ursach haben aus dem Haus und von der Arbeit zu laufen, so soll das Haus Wein und Bier etc. zu schenken befugt sein[2]); 5. wan etwa sonderliche Künste und Wissenschaften herzugebracht werden, so soll das Haus einer hochlöblichen Hofkammer solches intimiren, welche nach Beschaffenheit der Sache ein privilegium zu procuriren willig sein solle". Unterdessen begehrt er kein privilegium privativum ausser für die Kupfermanufaktur „das eysen in Kupfer al grosso zu transmutiren" und für die Glashütte . . . . Die Aufrichtung eines privilegiums privativum für diese Manufaktur rechtfertigt er ungefähr so: „Allerdings sey keine einzige Manufactur, derer generaliter solch eine grosse Consumption im Lande ist (wie bei der beispielsweise angeführten wollenen Zeugmanufactur[3]) und welcher so viel von aussen her zugeführt wird, privative zu privilegiren, dieweihlen die intention sein solle, so viel Personen, wenn es möglich wehre, auf einmahl in solcher Manufactur arbeiten zu machen, dasz nichts mehr von Auszen herein gebracht werde; dafern übrigens solche Manufacturen sind, welche nicht ad necessitatem inevitabilem dienen, welcher Gebrauch auch nicht gröszer ist, als dasz ihrer etzlich wenig personen und Verlag zu employiren, die können gar wol privilegiret werden als zum Exempel eine Glashütte zum Spiegelmachen kann darum privilegiret werden, jedoch nicht weiters als der distrikt von 9 stunden umb Wien herumb gehet, dieweihlen eine solche glashütte sufficient ist, so viel Spiegel zu machen, als man daselbst verkauffen kann".

Wie dachte sich aber Schröder dieses im allgemeinen nicht privative privilegirte Manufakturhaus in dem Rahmen der bestehenden Gewerbeorganisation? Dass es dem Zunftverbande

---

[1]) Diese Punkte tragen den Beisatz: hoc in privilegio jam est concessum. Damit ist wohl nur das Becher'sche Privilegium gemeint, da ja eine Ausfertigung eines späteren Privilegiums, wie aus den früheren Ausführungen zu ersehen, nicht erfolgte.

[2]) Damit scheint wohl auch ein privilegium privativum gemeint zu sein, was aus dem gleich anschliessenden Satze hervorgeht.

[3]) „. . Wan die wolline Zeugmanufactur einer Person privilegirt ist, was ist das anderes als alle Anderen excludiren, damit sonst kein Mensch darinnen etwas thun konne noch moge, da doch Niemand das Vermögen hat, das Land mit genugsamer fabrica zu verlegen, ergo wird solche manufactur durch der gleichen privilegia gehemmet."

angehöre oder auch nur irgend welcher Zunftjurisdiktion unterstehe, ist nach der ganzen Idee desselben (siehe oben) undenkbar; aber auch, wenn es ein ganz selbständiges, der Regierung unterstehendes Institut wäre (da wahrscheinlich alle privilegirten Unternehmungen der n. ö. Regierung (Gubernium) unmittelbar unterstanden), scheint ihm noch nicht die genügende Garantie für den gegen voraussichtliche Anfeindungen nöthigen Schutz zu sein, er wünscht vielmehr, dasselbe möge unter die „Hoffbefreyungen"[1]) als das „hoffbefreyte Haus" aufgenommen werden; denn die Bürgerschaft sei allen Befreiungen abhold, die Regierung halte es aber meist mit Bürgermeister und Bürgerschaft (ein bemerkenswerther Ausspruch!); gehöre das Manufakturhaus aber unter die Hofbefreiungen, so werde es damit unter die Jurisdiktion des Hofmarschalls gezogen und damit sei ihm ein viel besserer Schutz gesichert.

Was nun die **Arten der Manufakturen**, die er einzuführen beabsichtige, anbetrifft, bemerkt Schröder: Das Haus solle drei Hauptmanufakturen: wolline, Seiden- und Ledermanufactur, sodann aber auch Bereitung der mineralischen und vegetabilischen Farben, so zur Färberei und Malerei dienlich, betreiben, damit solche (Manufacturen) introduzirt, perfectionirt und ingrossirt werden, denn diese seien es, die so viel Geld aus dem Lande führen. Ueberdies aber beabsichtige er Manufakturen anzugreifen, die bisher noch **nicht** versucht worden[2]), insbesondere so auch die Glashütte und Kupfermanufaktur (d. h. Eisen in Kupfer zu verwandeln!). Endlich spricht er noch ganz allgemein von 18 Manufakturen, „derer teils noch nie in der weld gewesen, die übrigen aber in diesem lande nicht bekand (sind)". Diese würde er aber nur einführen, wenn ihm „sonsten ergezlichkeit gelassen" werde, da er „den nuzen (d. h. den gewöhnlichen Geschäftsgewinn) dehnen Verlegern und Arbeitern" lassen müsse . . . und „wenn man gar nichts von eine Sache hat, so vergeht einem die Lust bald".

Wenn wir nun diese Ausführungen Schröder's überblicken, so scheint in der That dadurch die oben (Seite 62) aufgestellte Ansicht bekräftigt zu werden, wonach derselbe sich das Manufakturhaus einmal als Ausbildungsanstalt für Handwerker aller der im Hause vertretenen Gewerbe, dann als Musteranstalt für diese Gewerbe (und darauf weist ja am deutlichsten der Passus hin, dass jeder Handwerker nach Belieben ins Manufakturhaus gehen und sich dort Belehrung schöpfen und ertheilen lassen konnte), endlich auch als ein den Handel mit dem Auslande wesentlich veränderndes Unternehmen dachte. Letzteres war allerdings nur so gemeint, dass vor allem Manufakturen, die bisher meist aus dem Auslande importirt worden waren, schon wegen

---

[1]) Ueber die Hofbefreiung vgl. Einleitung S. 12.
[2]) Wiewohl sie in dem Privilegio exprimirt waren.

des leichteren Absatzes im Hause produzirt werden sollten, wie denn Schröder überhaupt ja stets auch seinen Privatvortheil im Auge hatte und im Auge haben musste. Ging ja doch das ganze Unternehmen auf seine eigenen Kosten und wie es mit dem „Recompenz" von Seiten des Staates im Falle empfindlicher Geschäftsverluste ausgesehen hätte, das konnte er nach seinen bisherigen Erfahrungen sich leicht denken. Sein eigenes Interesse war aber noch mehr angespornt durch die ihm von Seiten des Staates im Falle des Erfolges in Aussicht gestellte Belohnung (die in Aussicht gestellten 20000 Reichsthaler, vgl. S. 52). Darum mochte er vielleicht auch in vielen Punkten, wo sein Privatinteresse nicht identisch war mit dem öffentlichen, dieses wohl auch nicht aus dem Auge lassen. Der Hauptgrund aber, warum er in seinen Ansprüchen und Bedingungen für das Unternehmen so massvoll war und insbesondere privative Privilegien so wenig in Anspruch nahm, war wohl der, dass es ihm vor allem darum zu thun war, vorerst nur den Grund und Boden und die Bewilligung zur Einleitung des Unternehmens zu erlangen; aber selbst das war von der durch die verschiedenen missglückten Versuche und die dadurch erfolgten namhaften Geldverluste[1]) misstrauisch gewordenen Kammer und dem Kaiser schwer zu erlangen.

Nun, da Schröder nichts anderes als den Grund und Boden eines abgebrannten Hauses und sehr mässige (eingeschränkte) Privilegien begehrte, er das ganze Risiko auf sich nehmen wollte und nur für den Fall eines günstigen Fortganges auf irgend welche Belohnung seitens Kaiser und Regierung in Geld oder Ehren rechnete, musste er allerdings Aussicht haben, die Bewilligung seines Ansuchens durchzusetzen. Doch scheint er sich über die Zeit, in der eine solche erfolgen würde, sehr getäuscht zu haben; denn schon im Juni 1684 urgirt er mit der Begründung, er möchte noch gern zur milderen Jahreszeit den Bau beginnen. Doch gelangen erst im November dieses Jahres die Gutachten und der Kommissionsbericht an die Hofkammer, welche nunmehr zu entscheiden und ihren Beschluss dem Kaiser zur Genehmigung vorzulegen hatte.

Allerdings wäre es zur ganzen Aufklärung der Sache sehr interessant, die motivirte und ausgeführte Anschauung der Hofkammer hierüber kennen zu lernen, allein hiervon ist leider nichts zu finden. Trotzdem der Beschluss der Hofkammer erst im Mai 1685, also ein halbes Jahr später erfolgte, findet sich keine Spur eines Referates, sondern eine einfache, fast gar nicht

---

[1]) Aus einer uns vorliegenden Zahlungsanweisung aus dem Jahre 1676 geht hervor, dass Becher 3000 Rthlr. „über das, was er schon zu unterschiedlichen Malen wegen des neuerbauten Manufacturhauses erhalten", aber ein für alle Mal erhalten sollte; doch ist nicht anzunehmen, dass darunter schon die von Becher selbst im Reverse erwähnten 2000 Thl. begriffen seien.

motivirte Entscheidung der Hofkammer, die auf den Kommissionsbericht verweist und sich den geäusserten Gutachten bedingungslos anschliesst. Das sehr kurze Aktenstück lautet: „Allergnädigster Kayser und Herr! Es hat der von Schröder bereits längstens die Ueberlassung der Brandstadt des vorgewesten Manufactur- und Kunsthauses gesucht und hierauf auch die Renvoir- und Bestätigung des dahin gewidmeten kayserlichen Privilegii verlangt. Beides zu untersuchen, hat man den Hofkammermitels (?) Rath v. Albrecht und den n. ö. Cammer-Procuratoren hiezu deputirt, welche folgende Relation eingereicht haben — legatur — Womit sich dann die Hofkammer ex adducto in Einem und Anderen vergleichen thut. Ita conclusum in Cons$^{\underline{o}}$ - Cam$^{\underline{œ}}$ - aul$^{\underline{æi}}$. Viennae, 10. May 1685. Praesentibus dms. Praeside Com^e de Ursino et Rosenberg, Com^{bs} Conzin Brandeis Salbey Aichpichl Mayr Thomasio Albrecht". — Der Kaiser setzte sein Placet auf dieses Schriftstück . . . Die Ausfertigung des Beschlusses und die Zustellung an Schröder geschah, wie wir aus einer kurzen Notiz darauf schliessen können, am 20. Dezember 1685. — Damit war die Sache in merito erledigt und das Schrödersche Ansuchen bewilligt.

Ob nun Schröder das Unternehmen gleich in Angriff nahm und mit dem Bau des Hauses begann? . . . Wir wissen davon vorläufig nur das Eine, dass sich aus dem folgenden Jahre (1686) Aktenstücke finden, welche darauf hinweisen, dass er die einleitenden Schritte vornahm. Dass er damit alsbald ans Werk ging, geht aus einem Gesuch hervor, das er an die Hofkammer im Februar 1686 richtete. Er wies in diesem Gesuch darauf hin, dass er „nicht blosz wegen Wiedererhebung der Gebäude, sondern Introducirung der Manufacturen etc. sich mit unterschiedlichen Ausländern und Manufacturanten auf eine besondere arth verglichen" habe und darinnen dem engländische custume[1]) gefolgt sei, „wenn man nämlich einem so viel Ruthen am Grund und Boden ausmisst und auf gewisse Jar gegen leidliche recognition übergibt, da dann jener darauf baut und das Haus gemachten conditionen nach genieszet so lange bis die gesetzten

---

[1]) Von einem englischen custume, das seinen Absichten entsprach, erzählt er schon in seinem oben erwähnten Gutachten für einen Reichsstand: „... so gefällt mir unter anderem der Engländer ihr methodus, dessen sie sich gebrauchen; nemlich wan ein privilegium gegeben wird, so verkauft, welcher das privilegium hat, solche Freiheit als eine Licenz an Andere, deren ein Jeder, welcher solche Manufactur treiben will, ein Stück Geld für solche Licenz an den Privilegirten gibt, dieser aber musz die Licenz hergeben. Wodurch dieser sein Privilegium genieszet, aber der Manufactur geschiehet kein Schaden, gleich wie des Herzog von Arendels (?) Bruder in der Lederbereitung etwas erfunden, darauf er ein privilegium nahm. Mit diesem privilegium schickte er jemand durchs ganze Königreich, welcher die Licenz allen Lederbereitern anbothe und dafür von Jedem ein stuck gold bekäme, welches so viel machte und austrage, als wann Er viel Jahr selbsten lasze arbeiten."

Jar verflossen. da so dann das Gebäude dem domino fundi wieder heimfällt und verbleibt" . . . . Wir ersehen hieraus einmal, dass er selbst, d h. auf eigene Regie den Bau nicht unternehmen wollte, weiter aber, dass er das Manufakturwesen selbst auf eine Reihe von Jahren sozusagen „verpachten" wollte und dies lässt plötzlich in uns Bedenken aufkommen, ob er denn überhaupt selbst das Manufakturhaus weiter leiten wollte oder nicht vielmehr sich nur für den früher erlittenen Schaden (durch das Abbrennen des Hauses) auf billigem Wege und ohne Risiko entschädigen wollte. indem er das erlangte Privileg weiter gab und sich nur den dadurch bedingten materiellen Vortheil sicherte[1]).

Um in seinem Vertrage mit den Ausländern sicher zu gehen, vielleicht auch. weil diese es verlangten . . „wegen obscurer expression" der ihm ertheilten Bewilligung, begehrte er in dem oben genannten Gesuche (vom Februar) eine ausdrückliche Verleihungsurkunde „mit angehenkter Schirmung". Unter dieser meinte er eine Erklärung der Hofkammer, von welcher er ja den Grund und Boden übernahm, dass sie ihn, falls er oder seine Nachkommen „einigen Anspruch dabei leiden sollten", d. h. also gegen Ansprüche Dritter auf denselben Grund und Boden vertreten solle (als auctor seines Eigenthums). Die Hofkammer gibt dieses Gesuch an den n. ö. Kammerprokurator, was er wegen dieser angesuchten Schirmung gutächtlich zu erinnern haben möchte.

Dieses bedeutet Schröder mündlich (wie aus einem späteren Gesuche desselben hervorgeht), dass dies (diese Schirmung) „der gewöhnliche Stylus bei Ertheilung der Gewähr" sei, d. h., dass er das Angesuchte schon damit erreiche, wenn er an die Gewähr geschrieben werde; hiefür jedoch sei das Grundbuch kompetent.

Nun sucht Schröder bei der Hofkammer um Auftrag an das Grundbuch an, die brandstatt der Manufactur mit allen immunitäten, privilegiis und freyheiten, wie es vorhero von der hochl. Cammer selbst possedirt worden, auf ihn, seine Erben und Erbnember als ein recht eiügenthmbliches guth ab- und zuschreiben zu lassen.

Der diesbezügliche Auftrag ergeht auch (22. März) an Bürgermeister und Rath der Stadt Wien, indem der Grund und Boden zu dem Grundbuch des (hiesigen) wienerischen Bürgerspital gehöre. Der Magistrat bedeutet jedoch Schröder, das gehe vorläufig nicht an, da derzeit (nicht die Hofkammer, sondern) noch der selige Herr Graf von Sinzendorf an der Gewähr

---

[1]) Dies geht auch daraus hervor, dass er in so kurzer Zeit (sein Gesuch wurde ja erst im Mai 1685 bewilligt, gar erst im Dezember 1685 expedirt!) mit den Engländern einig ist; denn das Gesuch ist vom Februar 1686 datirt und darin beruft er sich schon auf geschlossene Verträge.

stände; es müsse nothwendiger Weise vorher von der Hofkammer insinuiret werden, quo titulo solches Manufacturhaus an sie gefallen.

Auch dieses Gesuch wird aufrecht erledigt. Es ergeht (unterm 16. Juni l. J.) die Intimation an Bürgermeister und Rath, dass von dem Grafen Sinzendorf der gedachte Grund und Boden unter anderem à conto verschiedener an denselben gestellten kaiserlichen Anforderungen abgetreten und überlassen worden sei[1]). Und nun erst erfolgte in der That, nachdem noch einige kleinere Anstände beseitigt worden waren (vgl. unten) die grundbücherliche Einverleibung des Eigenthumes Schröder's.

Nunmehr wird für uns die Frage von höchstem Interesse, ob wirklich das Manufakturhaus wieder erbaut worden sei?

Diese Frage lässt sich auf Grund quellenmässiger Belege beantworten, leider dahin, dass dies nicht geschehen sei.

Nach Empfang des obenerwähnten Dekretes der Hofkammer vom 22. März 1686 hatte nämlich Bürgermeister und Rath dem Spittelmeister des Bürgerspitals, zu dessen Gründen die Brandstatt gehörte, Gutachten und Bericht abgefordert. Derselbe relationirte: Er wäre der Meinung, es möchte die Hofkammer im Namen Ihrer Kaiserlichen Majestät die Gewähr, „gleich wie selbige die bisherigen possessores gehabt, auch vorhero nehmen", von dieser aber Herr von Schröder hernach die Gewähr nehmen[2]). Dies stimmt ganz mit den obigen Angaben Schröder's in seinen Gesuchen an die Hofkammer um Ordnung der Grundbuchsangelegenheit überein ..; allein die Schwierigkeiten sollten noch nicht ihr Ende erreicht haben; es wurde nämlich zunächst der Stadtbuchhalterei aufgetragen, die Sache in reifliche Erwägung zu ziehen, sodann aber dem Grundbuchsverwalter befohlen, Herrn v. Schröder die gehörige Legitimation abzufordern. Diese erfolgte auch im September desselben Jahres von Seite der Hofkammer, wurde jedoch dem Grundbuchsverwalter „one ainige Verordnung remittirt", so dass dieser von Schröder, der natürlich die Sache möglichst rasch durchführen wollte, immer überlaufen wurde und sich einige Tage später an Bürgermeister und Rath um einen diesbezüglichen Auftrag wandte[3]). Dieser erfolgte auch sofort: „. . . und wollen Bürgermeister und Rath hierauf verwilligt haben, dasz invermelte diesorts angemelte gewöhr aus Förthigung gegen Erlegung der gewöhnlichen Grundbuchsgebühr ertheilt werden solle" (ddo.

---

[1]) Dies bezieht sich wohl auf die schon oben (vgl. § 8 Anm. 4) erwähnte Verurtheilung des Grf. Sinzendorf zum Ersatz von 1 900 000 fl., wobei ja alle seine Güter confiscirt wurden ... vgl. Adam Wolf l. c.

[2]) Akten des Wiener Grundbuchs f. d. unteren Wörth.

[3]) Dieses Schriftstück, „unmaszgebliches Anfragen des Grundbuchsverwalters (Michel Härtel), die Gewähreertheilung an Herrn v. Schröder betreffend", liegt in den erwähnten Akten des Grundbuches über den unteren Wörth vor; demselben sind die obenstehenden Daten entnommen.

20. Sept. 1686). Diese Gebühr bildet einen neuen Stein des Anstosses; der Grundbuchsverwalter will nämlich das bei jeder Uebertragung übliche Pfundgeld (in diesem Falle 30 Rthlr.), das natürlich in Folge der Einziehung des dem Grafen Sinzendorf gehörigen Grundes von Seiten der Hofkammer nicht entrichtet worden war, von Schröder einheben; Schröder weigert sich, mit Rücksicht darauf, als das Manufakturhaus ja nicht dem Grafen Sinzendorf, sondern von Anfang an, d. h. von seiner Erbauung an dem Kaiser gehört habe; übrigens erklärt er sich bereit, wenn es „nur ein weniges austraget", es zu zahlen, um sich damit nicht aufzuhalten, und bittet daher nur um Moderation der Pfundtaxe[1]). Ueber den erstatteten Bericht des Grundbuchsverwalters, der bemerkt, „es sei doch wunderlich, dasz Ihre Majestät auf einem fremden Grund ein Gebau habe bauen lassen, da sie doch gleich gegenüber einen viel gröszeren Garten und spatium dazu gehabt hätten" und schliesslich meint, es solle Niemand von dem Pfundgelde befreit werden — wird Schröder (unter dem 18. October 1686) abgewiesen..... Die weiteren Akten fehlen.

Die grundbücherliche Eintragung erfolgte aber doch, u. z. noch in demselben Jahre. Wir finden nämlich im Grundbuche eine Einverleibung[2]): „Wilhelmb Freyherr v. Schröder, der röm. kays Majestät wirklicher Hof-Cammer-Rath im Königreiche Hungarn, empfängt auf eines woledlen, hochwolweisen Stadtrathes unter dem 20. September (vgl. oben) erthailte Bewilligung allen Nuz und Gewöhr einer Prandstatt im unteren Wörth unthalb der Schlagpruggen gelegen, worauf zuvor ein Manufacturhaus gestanden . . ."

„. . . darumb hievor Graf Sinzendorf an der Gewöhr geschrieben, welcher dann wegen unterschiedlicher Forderungen . . . an allerhöchst Ihre Majestät unter anderen auch diesen Grund abgetreten, welchen selben abermals Ihre Majestät . . . Herrn v. Schröder vermöge des durch die Hofkammer unter dem 22. März und 16. Juni ergangenen Intimationsdecretes zu einem Manufactur- und Kunsthaus mit allen demselben immanenten privilegien und Freiheiten eigenthümblich überlassen haben . . ." (datirt 1686).

Aus dieser grundbücherlichen Eintragung erfahren wir nicht nur, dass der Grund des ehemaligen Manufakturhauses wirklich Schröder an die Gewähr geschrieben wurde, sondern auch eine wichtige Andeutung über das weitere Schicksal Schröder's und damit des Grundes. Schröder wird nämlich darin als „Hof-Cammer-Rath im Königreiche Hungarn" bezeichnet; es ist also zu vermuthen, dass er noch Ende des

---

[1]) Die interessante Eingabe: „Dienstl. Memorial Wilhelmb Freyherrn v. Schrödern, Kays. Maj. Hof-Cammerrath", ddo. 11. October 1686, enthält eine knappe Geschichte des Manufakturhauses.
[2]) Grundbuch für den unteren Wörth, fol. 378 (im Grundbuchsamte des k. k. Wiener Landesgerichtes unter 526).

Jahres 1686 als Rath an eine der ungarischen Kammern, wahrscheinlich die Zipser, berufen wurde. Damit stimmt auch eine Nachricht von seinem Tode überein, die wir einem Bittgesuche der Henriette Susanna, des gewesenen Consiliarii Szepusiensis Baronis W. de Schröder Wittwe um Pension oder Unterstützung entnehmen, das im Mai 1689 an die Hofkammer gerichtet wurde; aus demselben geht hervor, dass Schröder (offenbar ist es derselbe) 1689 „in extrema egestate" in Ungarn, d. h. als Zipser Kammerrath starb. Wenn dies richtig ist, so erklärt sich auch vollkommen, warum die Sache der Wiederaufbauung des Manufakturhauses, die doch noch bis Ende 1686 von Schröder so eifrig betrieben worden war, jetzt fallen gelassen wurde; Schröder musste eben noch 1686 Wien verlassen und damit war der ganze Plan nicht mehr durchführbar. Warum Schröder als Rath zu einer der ungarischen Kammern ging, ob dies sein eigener Wille war oder nicht, ist allerdings nicht festgestellt.

Aus dem Grundbuch geht endlich weiter noch hervor, dass der Schröder an die Gewähr geschriebene Grund noch bei Lebzeiten desselben von ihm weiter veräussert wurde. Laut der am 8. März 1688 ertheilten Bewilligung des Rathes wird nämlich Herr Friedr. Sebastian Schulz, des allhiesigen Bürgerspitals verordneter Spittelmeister an die Gewähr geschrieben „. . darumben hievor der wohlgeborne Herr Wilhelmb v. Schröder an der Gewähr gestanden . . dieser hat solche brandstat sammt dem darzu gehörigen Grund berührtem Bürgerspital umb eine geschlozene Summe geltes kháuflich hinumbgelassen und schriftlich aufgesandet . ." (ddo. 26. April 1688).

Mit diesem letzten Dokumente schwindet jede Nachricht über das Manufakturhaus; die Geschichte desselben ist auch wirklich zu Ende, von einem späteren Versuche, es neu aufzubauen und das ganze Unternehmen wieder ins Leben zu rufen, findet sich keine Spur.

Ueberblicken wir aber noch einmal alle die Nachrichten über das Manufakturhaus, die ganze Geschichte desselben, so lässt sich sagen: Wir haben hier ein Unternehmen vor uns, das keine nachhaltige Wirkung für die gesammte Volkswirthschaft ausgeübt, dessen praktische Wirksamkeit, wenn sie auch nicht mehr zu leugnen ist, doch nur von kurzer Dauer und geringer Bedeutung gewesen ist: aber wir sehen auch in ihm ein Institut, hervorgerufen durch eine wahrhaft bedeutsame Idee, gefördert durch Männer von eminenter wirthschaftlicher Begabung und für jene Zeit tonangebender Bedeutung, ein Institut, das, geschaffen im Geiste jener Zeit, so recht dieselbe — in ihren guten Bestrebungen — charakterisirt. Und darum wird die Geschichte des Manufakturhauses auf dem Tabor in Wien immer ein bedeutsames und interessantes Stück österreichischer Wirthschaftsgeschichte bleiben.

III.

BEILAGEN

zur

GESCHICHTE DES MANUFAKTURHAUSES.

Beilage I.

Accord (Becher's) mit Ihro hochgfl. Exc. Herrn Gf. Albr. v. Zinzendorf,
röm. Kays. Maj. geh. Rat, Ritter des goldenen Vlieszes.

Zu vernehmen demnach I. h. Exc. H. Gf. A. v. Zinzendorf Herrn Dr. J. J. Becher, röm. kays. Majestätt Commercien-Rath in einer ausfürlichen schrifftlichen Deduction proponirt und demonstriret, welchergestalt es absonderlich zu Ihrer Kayserlichen Majestät recreation und curiosität auch nutzen dienen und gereichen würde, wenn Ihre k. M. denen Engländern und Frantzosen gleich eine curiose academy, Kunsthaus, correspondentz mit allerhand ingeniosen arbeiten und experientz von vielerhand curiosen mathematischen chimischen Sachen und Manufacturen austellen lieszen, wie aus gedachter Schrift mit mehrerem zu ersehen. Nachdem aber Seine hochgräfl. Ezcellenz die Sachen verleget, hat sie gefragt und befohlen, hiebei einen fundum zu schauen, woraus dergleichen Sachen möchten erhalten und continuiret werden, damit man bei diesen schwähren Zeiten die hochbenöttigten Geltmitteln nit aus der Kays. Cammer-Cassa dahin anwenden und unterschiedlichen etwan sinistre davonn zu reden Anlass gebe, worauf dann Herr Dr. Becher zu reflectiren versprochen und endlich darüber wiederum einen Aufsatz gemacht des Inhaltes, dasz er von denen Materialisten glaubwürdig vernommen, wie von Zinober, Bleyweis, gruenspan, sublimat, Borras, Salmiac, Menig, Bleygelb und dergleichen Farben, ja wol auf die 1"0 000 aus den kayserlichen Erbländern in die Fremde gehen, welche Farben, wenn sie hier zu Lande gemacht würden, welches leicht zu thun möglich, so bliebe das gelt im Lande und würde noch so viel überschusz und gewinn dabei abfallen, da leichtlich ein reichlicher fundus zu einem Kunsthaus und curiosen correspondentz da zu nehmen und zu unterhalten sein wird; zumalen wann Ihro kays. Maj. ein privilegium darüber erteilen würde, welches um so viel leichter geschehen könnte, jeweniger dadurch Schaden oder Abbruch Jemandem geschehe, indem dergleichen manufactur von Farben von Niemandem anjetzo in den Erblanden bereitet und damit eine Manufactur getrieben werde. Da falls aber solche Farben und der daraus resultirende Gewin nicht solte erklaecklich sein und wan es auch erklaecklich wäre, dannoch zur Vermehrung der Intraden, so seien Ihme Herrn Bechern noch unterschiedliche andere secreta und manufacturen bekand, sowol in chimischen Sachen als mechanicis, nemblich Bereittung der Majolic, Verstärkung der Weine, Zeithigung der Metallen, vortheilhaffte goldtscheidungen, woraus ein und ander nützlich particular resultirt. Item Bereitung, Spinnung und Verwebung der woll in allerhand Zeug, welches alles bis dato noch nit in den Erblanden gebräuchlich, läuffig, zünfftig, derentwegen leichtlich privilegiret und ohne Jemandes praejuditz und Schaden introducirt und manutenirt werden könnte, welches auch also beschaffen, dass deren theils jährlich über alle unkosten centum p. cento, theils 50 p. cento, theils täglich einen p. cento also nach proportion und anstalt des Verlags wochentlich wol 1000 Rthl. ertragen, welche secreta und manufacturen Er Herr Becher zur vorigen Bereithung der Farben stossen und Ihrer kays Majestät zu Dienst communiciren und introduciren werde. Damit er also seine propositen in curiosis practicabel machen und dazu einen genugsamen Fundum verschaffen: dieweil aber auch zu diesem Haubtfundo nemblich Sachen zu introduciren und stabiliren ein anderer fundus oder Capital erfordert wird, als hatt Herr Becher den 3. Aufsatz gemacht, versichert und erboten, wann Ihro kays. Majestät einmahl vor allemahl zu diesem ersten fundo 4000 R. herschieszen wolle und Ihme Herrn Bechern die Anwendung und Application derselben hiezu anvertrauen und dazu Vollmacht und Commission allergnädigst geben wollen, so wolle er vor besagte 4000 R. alle vorhergehenden Manufacturen und secreten dergestalt incaminiren, introduciren und gangbar machen, dasz der fundus zu einem groszen Werk genugsam stabilitirt und dazu weiter nichts als die continuation sammt grösserem Verlag erfordere¹). Nemblich wenn man Capitalien anlegen will, dasz selbige ihr reichliches Interesse tragen, welches alles er vor sich nehme und dafür garantire und gutstehe, doch dasz Se. hochgräfl. Excellenz Ihn in folgenden Punkten gegen diese seinen vorhergehenden offerirten und Obligation im Nahmen Ihrer kays. Majestät versichere, als:

Erstlich, dasz Ihre kays. Majestät diese Sach protegiren mit kays. privilegiis internis manuteniren und mit genugsam Verlag nit stecken lassen wolle, allwo sich dann das wort Verlag²) dahin versteht, dasz die 4000 R. allein zur Einrichtung gehören, was man darüber von Capital anleget, das soll alsdann Interesse tragen, dergestalt, dasz 17—20000 R. wochentlich wol 1000 R. tragen können, nach welche Proportion sich dann der Verlag verstehet und reguliret.

---

¹) Hiezu die von Becher eigenhändig bemerkte Randnotiz: „Ego mea praestiti, praestetur ergo etiam continuatio promissa".
²) Eigenhändige Randbemerkung: Von diesem so klar versprochenen Verlag würd anjetzo gehandelt.

Zweytens, dasz Ihre kays. Majestät Ihm Herrn Bechern zur inspection pro nunc Niemand Anderes als Se. Exc. Herrn Gf. Albrecht allergnedigst verordnen, da aber Se. Excellenz, dasz Gott darfür seye, mit Tod abgiengen oder sonst nit länger dabei bleiben wollen [1]), so solle Herrn Bechern wiederumb frey seyn, ein und Anderen zur Inspection zu praesentiren, woraus Ihre Majestät dero Belieben nach elegiren möge, wen Sie wollen.

Drittens: Die Inspection soll sich erstrecken auf den Haubtfundum, nemblich auf Alles, was introducirt uud zur perfection gebracht ist, worüber ordentliche Protocolle und Rechnungen geführt und zur Inspection stündlich bereit sein sollen, damit man Ihrer kays. Majestät daraus referiren könne. Soll auch Herr Becher zu solchem Referat bei Ihrer Majestät wann und so oft er wolle [2]) gezogen werden, auch Referendarius in curiosis sein, auch soll diese Inspection der Sachen protest und manutenenz nach sich ziehen.

Viertens: soll das Directorium solcher manufacturen des Kunsthauses und Correspondentz in curiosis stetig bei Herrn Bechern und seinen Erben oder welche er dazu nominiren wird, verbleiben. Solt aber Er oder die Seinigen diesem Werckhaus nit länger abwarthen wollen noch können, so soll es ihm freistehen, ein oder anderes Subjectum zu benennen, welches Ihro kays. Majestät zur Direction erwöhlen mögen, doch dasz diese praesentation allzeit bei ihm Herrn Bechern und seinen Erben verbleibe.

Fünftens: Die Inspection und Direction verstehet sich hauptsächlich auf den groszen Fundum und von solcher Direction soll Ihrer Excellenz oder dem künftigen Herrn Inspectori jederzeit Nachricht und parte gegeben, auch dessen Gutachten darinnen vernommen werden, was aber die allererste Einrichtung solcher Sachen vor die 4000 R. betrifft, da soll er, Herr Becher, doch mit Vorwissen und Gutachten auch assistenz Ihro Excellenz allein mit schalten und walten und gleichwohl zusehen, wie Er's zu Ende bringt, dieweil er dies allein auf sich genommen, doch soll er, wann alles eingerichtet, den fundum zeigen, die effecten, wohin besagte 4000 R. appliciret [3]) worden und worin derer effect, welcher allzeit bleiben solle, beruhe.

Sechstens sollen besagte 4000 R. von Monat zu Monat bezahlet werden, das ist monatlich 1000 R., in dem Majo anzufangen, ohne absatz interruption oder execution sonst man in der Arbeit und Anfängen stecken bliebe.

Siebentens: Herrn Bechern und den Seinigen principaliter wegen introduction und stabilirung dieser Sach verbleibe und in

---

[1]) Eigenhändige Randbemerkung: „— oder die Manufacturen stehen lassen und allein auf Goldmachen sehen, auch die Scientz und Praxin allein vor sich haben wollte".

[2]) Eigenhändige Randbemerkung: Nunquam fui admissus ad audientiam.

[3]) Eigenhändige Randbemerkung: „Das weisen beikommende Rechnungen aus."

perpetuum der zehente Teil des resultirenden gewinns aus allen diese Sache . . . . Fällen und weder ihm und den Seinigen hierinnen nichts excipirt werden können als crimen laesae Majestatis, darfür sie Gott behüete, damit sie auch richtiger wissen, wie hoch der zehente Theil des Gewinnes sei, soll Ihnen freistehen, Jemanden bei der Buchhalterey als einen gegenschreiber zu halten, da falls auch Ihro Majestät diesen gesamten fundum oder **das Kunsthaus** sammt seinen Intraden, wie die einen unde anderen inskünftig seyn möchten, verändern, verlassen oder verschenken wollen, so soll doch Herrn Becher's oder der Seinigen jus darauff hafften, wie oben gelehret.

Achtens: soll Herr Doctor Becher zur völligen Introduction dieser Sachen jarszeit gegeben werden[1]), in welcher Zeit alles in seiner Vollkommenheit seyn solle, doch das nach Proportion der Monaten in diesem Jahre auch eine und andere manufactur eingerichtet werde, damit man den progress der manufacturen sehen könne.

Neuntens: Wollen Ihre kays. Majestät diesen particular vergleich mit der Zeit und bei progress der Sachen zu besserer stabilitirung und sicherheit durch ein kayserliches Decret roboriren und seine hochgräfliche Excellenz solches auswürken, damit man gleichwohl dasjenige schriftlich hat, was Ihro kays. Majestät in dieser materi den 15. Maj gegen Ihro Excellenz und den 17. Maj gegen Doctor Bechern in mündlicher audientz gnedigst placitirt haben.

Zu urkundt dessen seindt zwey gleichlautende instrumenta aufgesetzet, unterschrieben und gewechselt worden. So geschehen in Wien, den 21. May 1675.

(L. S.)

ALBRECHT GRAf VON ZINZENDORF.
JOH. JOACHIM BECHER, DOCTOR.

Beilage II.

Reversabschrift vom Herrn Dr. Becher
wegen der introducirten sechserley frembden Manufacturen und Ihme hierüber ertheilte privilegia (datirt: Wien, 15. October 1676).

Ich, Johann Joachim Becher, der röm. Kays. Majestät Cammer- und Commercien-Rath, urkunde und bekhenne hiemit für mich, meine Erben, Nachkommen und Interessenten öffentlich und für Jeder-

---

[1]) Eigenhändige Randbemerkung: „Den 21. Maj 1675 hat's angefangen und bis anjetzo den 19. März 1676 schon fertig, wäre vor einem viertel Jahr schon fertig, wenn man mich nicht mit gelde gehindert."

mann, demnach mir vermittels der hochlöbl. kays. Hofkammer Interposition und derselben nachtrücklichen cooperation die gebettene und Gnädigst verwilligte privilegia über das allhier **neuerbaute Kunst- und Werckhaus** und der zu beförderung der Commercien in den Kayserlichen Erbländern auch Aufnehmbung derselben bereits introducirten sechserley frembden Manufacturen daselbst de dato 12^t· Oct. dieses instehenden 1676^t· Jahres nunmehr in Originali zu meinen Handten extradirt worden seye.

Als gelobe, zusage und verspreche in Krafft dieses Reverses hiemit, dasz ich erstlich denjenigen, wozu ich krafft erstbemelten privilegium gehalten bin, gantz getrewlich pflichtschuldigst nachkommen, nit das geringste an meinem Fleysz und Eyfer erwinden lassen, sondern Alles zu Ihrer kays. Majestät gnädigsten contento praestiren und vollziehen will, in sonderheit aber will ich schuldig und gehalten seyn, den Consumo der Landtwoll möglichst zu machen undt in specie durch die wüllene Manufactur als vorher pro primo fundo allerhöchst gedacht Ihro kays. Majestät absonderlich 2000 R. paar geldt vorschieszen haben lassen auf alle weeg und weyss zu promoviren. Auch den Termin zur Einrichtung und Stabilitirung dieser und anderer Manufacturen **in zwey Jaren** gewisz und unfehlbarlich observiren, also mithin alles nach bester möglichkeit in gueten Stand bringen und sezen will.

Fürs Anderte will und soll ich vor Allem den mit Ihro Excellenz Herrn Grafen Albrecht v. Zinzendorf p. tit. in Namen mehr allerhöchst Ihrer Majestät Vatern 21^t· **May des jüngst abgewichenen 1675**^{t}· **Jahres** geschlossenen Accord in allen seinen Puncten, Clauseln und Articuln so vill nemblichen durch die privilegia nit etwa immutirt ist, und auch was das Smölzwerckh anbelangt, völliges Genüge zu thun und Alles bis auf das geringste würckhlich zu adimpliren denno und specialiter hiemit obligiret seyn. ueberdies

Drittens bin ich erbietig und schuldig von allen fabricirten Wahren, so Ich und meine Interessirte in oder auszer Landts hin und wieder verführen und verkhauffen lassen bei allen Lägställen oder Mauthen den gewöhnlichen Aufschlag oder andere Gebühr wie die Nahmben haben oder die kayserliche vectigalia . . . . jedesmahl ordentlich und unverweigerlich zu entrichten.

Nicht weniger **viertens** will und soll ich noch absonderlich Ihrer kayserlichen Majestät als unserem gnädigsten Landesfürsten und Herrn mit unterthänigstem respect von allem und jedem hier fabricirten und verkhauffenden Waren es seyen gleich in oder auszer Landes **zwey pr. cento** an stelle einer gebührenden recognition guetwillig raichen und abstatten auch dieszorths alles getrewlich verzaichnen und nichts verhalten.

Fünftens verspreche ich hiemit allen Inwohnern und Unterthanen in den Kayserlichen Erblandten zum Besten durch die Introduction der offtberührten sechserley frembden Manufacturen keine

Theuerung zu verursachen, sondern so vill als möglich die Wohlfeiligkeit, die Güette bei den Wahren einzuführen.

Dabey ich sechstens auch keineswegs verlange, dasz man etwa wegen meiner oder der im Landt fabricirten Wahren andere dergleichen aus der Frembde herein verbietten, sondern es soll und mag sich ein Jeder nach eigenem belieben damit versehen, wo er will.

Siebentens bin ich nit zuwider der Innländer Capitalen vor frembden anzunehmben, wann sie sich zur rechten Zeit und vor den Frembden anmelden.

Zum Achten soll ich gehalten seyn mich mit der hochlöblichen Hoffcammer, als welcher es frey und bevorstehet wegen der vorgeschossenen Baw-Unkhosten zu dem Kunst- und Werckhaus, was sich nemblichen auf gepflogene abraittung für richtig befienden wird, nach Billigkeit zu vergleichen und lasse zu dero fernerem Belieben gestelt seyn, ob sie vielleicht solches bey vorhabendter Aufrichtung Einer Compania als ein Einlagscapital mit anrechnen und füerschreiben oder mit jährlichen 6 pr. cento verinteressiren lassen, entzwischen aber soll es so vill das Eigenthumb des Kunst- und Werckhauses anbelangt bei den mir unter dem 17. jüngst verwichenen Monats des 7^{bris} zugeförtigtem Decret ein verblaiben haben, dergestalten zwar, dasz nach verflossenen 15^{en} Jahren Ich und meine Interessirten die von der Hoffkammer vorgeschossenen Bau- und Kosten zum fahl solches Haus uns eigenthümblich verbleibt, widerumb refundiren oder aber, wann solches Haus der hochlöblichen Hoff-Cammer verbleiben sollte, sie uns die darüber ausgelegten und erweislichen bau und Kosten herausgeben und erstatten solle, die vorhandenen instrumenta sollen auch umb künfftiger guter Nachricht willen jetzo von mir in ein besonderes inventarium mit allem Fleisz getrewlich verzeichnet und mit hanndschrifft und Pötschafft bekräfftiget werden.

Zum fahle aber neuntens wider verhoffen ich hievor bemelte praestanda nicht adimpliren und also das Versprochene von mir nicht ausdrücklich effectuirt werden sollte, so stehet Ihrer kais. Majestät oder der hochlöblichen Hoff-Cammer bevor, nach erkhandten und deszwegen bei Ihrer kays. Majestät producirten gründtlichen Ursachen dasz die gnädigst ertheilten privilegia widerumb revocirt oder anderen conferirt werden mögen. Gleich wie selbige ohnedem allen anderen, so etwan dergleichen Manufacturen wie die sechserley im Kunst- und Werckhause seindt im Landt schon vorhin angelegt hätten, würckhlich fabriciren thätten und hierinnen privilegiret wären, auch Ihre privilegia dessentwegen ediren werden, gantz unpraejudicirlich seyn und Ich auf solche weyse niemanden dadurch einigen Schaden zu thun verlange.

Zu wahrer Urkhund dessen habe ich diesen revers eigenhändig unterschrieben und mit meinem gewöhnlichen Pötschaft bekräftigt, solchen auch gegen eingangs erwöhnte privilegia ausgewechselt und also geförthigten zu handen der hochlöblichen kays. Hoff-Cammer zugestellet. So geschehen in Wienn, den 15. October 1676.

JOHANN JOACHIM BECHER, Dr.,
in fidem promissorum rogatus subscripsi.

JOHANNES ANTONIUS LESSENICH,
apost. et caesarea authoritate notarius publicus.

Beilage III.
Gehorsamber Bericht Wilhelm v. Schröder's
wegen Wiedererbauung des Manufacturhauses auf dem Tabor
(ddo. 1. November 1684).

Nachdem bei einer hochlöblichen Hoffkammer ich gehorsam Ansuchen gethan, damit das durch den Turckhenkrieg ruinirte und demolirte manufacturhaus mir mogte Erb- und eigenthumblich gegeben werden, da ich hiegegen Ihro kays. Majestät nuzen und des landes besten zu befördern auf meine eigenen Kosten das Haus wieder erbauen und allerley Handwerker da hinein zugeln wollt, damit nicht allein aus dem Haus die durch den Krieg ruinirte plötze in Oestreich mit tüchtigen Handtwerckern und nahrhaften Menschen ersetzt und das Land an Menschen als auch an Nahrung wieder zunehmen möchte, sondern auch damit alle Handtwerke nach und nach, welche jetzo in Oesterreich nicht bekand theils aber ad necessitatem theils ad delicias theils ad ornamentum Reipbl. dienen umb welcher willen so viel Geld aus dem Lande geführt wird, möchte introducirt werden. Als hat mir eine hochlöbl. Hoffkammer eine Commission zu verordnen, welche mich weiteres darüber einvernehmen mochte, welche Commission den 2. October dieses 1684er Jahres seinen Fortgang gehabt, in welcher folgende puncta zu beantworten mir füergetragen worden:

1. Was ich für einen Zuspruch am Haus zu haben vermeinte?
2. Wie ich wollte das Haus wieder aufbauen?
3. Was ich für Handwercker dahin zu bringen gesonnen?
4. Was ich für privilegia verlangte?

Ob ich zwar damals auf alle puncta sattsam geantwortet zu haben vermeinte so ist doch guth befunden worden meine schriftliche Erklärung aufzusetzen und hochgedachten Herrn Commissarien zu dero nachricht zu übergeben.

Was nun anbelangt den 1. Punkt nemblich was ich für Zuspruch im Haus zu haben vermeine, so kann einer hochlöblichen Hofkammer nicht unwissend sein, wie das, nachdem ich anno 1677 wieder aus England kommen auf Befehl Ihro kays. Majestät durch den damaligen Herrn Hoffkammerpraesidenten Grafen v. Sinzendorf mit Zuziehung des seel. Herrn Obersthofmeister Grafen von Zintzendorf und des Herrn Hoffkammerrathes Freiherrn v. Selb mir das damals ruinirte und banquerotirte manufacturwerk wieder in die Höhe zu bringen ist angetragen worden und solches zwar unter dem Vorwand dieweilen dazumahl mich zu accomodiren nichts . . . . ich ad interim dieses auf mich nehmen und meine merita dadurch vermehren solte, welches dann nach langer disputation auf nachfolgende condition geschlossen worden:

1. Ich sollte das Haus in possess nehmen, wie dan solches Ihro kays. Majestät zu manufactur auferbauet als würde solches auch von Ihro Majestät mir völlig überlassen, dieweilen aber der Herr Praesident wegen des Grundes und Bodens ein Recht mit daran praetendirt, als würde ich sehen, wie ich des Grundes und Bodens halber mich mit ihm vergliche.

2. Sollte mir 600 fl. Besoldung und 700 fl. adjuta di costa jährlich deszhalb ausgeworfen sein, bis und so lange ich anderwärts accomodiret, sub alio titulo einer ordinarie Besoldung genieszen konnte.

3. Derweilen ich mit einer hochlöbl. Hofkammer im Geringsten in keine Rechnung mich wollte einlassen, sondern lieber auf meine eigenen Kosten das Werk anfangen und ausführen als sollte, wofern das Werk würde seinen Fortgang haben und die Manufactur in Stand kommen, alles meines Schadens, den ich etwa dabey erleiden mochte, eine Gutmachung von der Kammer erwarten und zu meinem Recompenz 20/m. R. über alles vorige versichert sein, auf welches mir das Manufacturhaus eingehändigt worden, der Herr von Selb aber den strittigen Punkt zwischen dem Herrn Hofkammerpraesidenten wegen des Grundes zu adjustiren versprach. Nachdehme aber die conditiones, so er mir vorgeschlagen, nicht anzunehmen mir geschienen, und von den Manufacturen wegzugehen resolviret, auch weder meiner Besoldung halber ruhiges decret ohne zugleich ausgefertigte Versicherung wegen des Hauses annehmen wollte, indehme so viel Kosten in Einrichtung und so viel Mühe in Aufrichtung der Manufacturen in einem frembden Hause so nicht mein seye und aus welchem nach meinem Tode die Meinigen mit Gewalt könnten gestoszen werden und nachmahls umb ihr Geld rechten sollten, anzuwenden, mir eine Thorheit zu seyn vorkam nach dem Sprichwort: stultus in alieno solo aedificat, als habe ich mich bei ihrer Majestät über den Herrn Praesidenten beschwert, welchem nach Ihro kays. Majestät dem Herrn Grafen Albrechten von Zintzendorf befohlen mit dem Herrn Praesidenten zu reden und ihn zur Billigkeit zu vermögen, worauf der Herr Praesident sich dahin gegen mich erkläret, dasz er mir weiters keine difficultät wegen des Hauses machen, sondern darüber noch ein Versicherungsdecret ausfertigen lassen wolle, jedoch mit der condition, dasz ich ihm die Manufactur des Zwirnwindens (?) in Oberösterreich auf seine güeter wollte establiren und darzu Leuthe zuvor

auff seine Kosten aus den Niederlanden herbeischaffen und meine vorhero pactita Antheile an selbige manufactur ihme cediren und völlig überlassen, wobei es auch seine Bewandtniss gehabt, aber es ist etzliche Tage hernach der Herr Praesident wegen der pesth in Böhmen gangen, alwo nachmals die Veränderung mit ihm geschah und mein sach undecretirt blieb, indehme sein successor mich lieber von allem gestoszen als mir Satisfaction gethan hätte, wie er dan solches wie bekannt würcklich tentirt, indem er mir ein decret zugeschickt das Haus zu räuhmen und weisz zwar nicht über was Rechnung zu thun, auch ad valvas ein Cammerdecret anschlagen und das haus feilbiethen lassen. Wann nicht Ihre kays. Majestät von Oedenburg herauf ex officio der hinterlassenen Kammer befehlen lassen, mich inquieta possessione und das decret vom haus wieder abnehmen zu lassen. Und haben Ihro kays. Majestät auch dazumal dem Grafen Albrecht v. Zintzendorf und Herrn Hofkammerpraesidenten Baron Abele anbefohlen, diese sach in commission fürzunehmen und mir satisfaction zu geben. Es ist aber diese Commission, wie oft und wie viel auch Graf Albrecht urgirt[1]) und reiteriret, erinnerung an Ihre Majestät deshalb vorgebracht, immer von einem Tag auf den andern geschoben worden, bis endlich dieser Türckenkriegh drein kommen. Ob ich nun zwar gleich deshalb, was anfänglich zwischen der hochlöblichen Kammer und mir tractiret worden, nichts Schriftliches aufzuweisen, so werden sich doch die referata mit der Signatur Ihrer kays. Majestät bey der Registratur finden[2]), indem nicht nur der Herr v. Selb sondern auch der Herr Secretarius Bruckner mir solche jederzeit produciret und gewiesen. Zudehme so sind die facta, so erfolget, Zeugniss genug nemblich dasz ich das Haus in possess gehabt, mir meine Besoldung richtig bezahlet und solches eine richtige Besoldung und nicht eine pension, wie man sie jetzt zu meinem Nachtheil stilisiret, gewesen, aber aus allen Anweisungen und auch noch aus der von mir unlängst beigelegten Hoffzahlamtsquittung anders kann erwiesen werden, welche sonst nicht denn durch expresse Kündigung pflegen cassirt zu werden.

Dass ich aber allem Versprechen ein völliges Genügen geleistet und die Manufactur nicht allein in Stand gebracht, sondern auch zur Continuirung derselben solche Mittel angewiesen, die vielleicht heute oder morgen mit groszem Fleisz dürften wieder hiefür gesucht werden, solches weisz sowohl Ihre kays. Majestät als welcher alles dergleichen von Ihrer Excellenz Grafen Albrecht von Zinzendorf ist überreichet worden. Sodann die processen, so ich des Manufacturhauses wegen bei der Regierung gehabt, bezeugen solches,

---

[1]) Randbemerkung: „Von dieser Urgirung hat Herr Hofkammerrath Mayr Wissenschaft".
[2]) Von diesen Aktenstücken war weder im k. k. Reichsfinanz- (ehem. Hofkammer) Archiv, noch im Archiv des Ministeriums des Innern das Mindeste zu entdecken.
[3]) Gleichfalls nirgends bezügliche Aktenstücke aufzufinden.

indeme sonst so viel Opponenten sich nicht herfor gethan hätten: aus welchen relatis ich nun Jeden den Schlusz machen lasse, was ich für Recht ohmb das Haus, wenn es auch noch stande, hätte. In dem sind vorhero angewendete Kosten nicht gerechnet nur in effecten, instrumenten und materialien über 9000 fl., deren jetzo verbronnen seyn und weisz ich nicht, wie ich weniger als die über den Haufen gefallenen Steine und etwa 80 Schritte in Quadrat Grund für das alles zur Satisfaction begehren können, wenn auch gleich weiteres nichts zu thun ich mich obligirt hatte.

Von dan die erste quaestion hiemit genugsam erleutert zu seyn vermeine und damit zugleich zu verstehen gegeben habe, dasz ich keine ursach sehe, warum man mich die ander quoestion zu beantworten obligiret, indem darinnen gar mein eigen Interesse begriffen ist, welches zu beschleunigen ich keine Zeit noch Fleiss sparen werde.

Die dritte Frag anbelangend: was alles allda für Manufacturen zu introduciren vorhabe; so ist zu consideriren, wann das Haus dem publico zum Besten soll angestellet werden, dass darinnen sowohl die Manufacturen, welche allbereid im Lande, als welche noch nicht im Lande zuzulassen seyn, vor welcher .... allbereid im Lande ist, dasz sie zur perfection gebracht, diese aber, dass sie introducirt werden, dan die **Lederbereitung** ist zwar dem Namen nach im Lande, aber es mangelt die Perfection, welche in der Welt nirgends eher als aus England kann genommen werden, dazu dieweilen unter dem Namen dieses Hauses viel Fremde aus Niederland herzu gebracht werden. damit das Land auch mit tüchtigen Inwohnern angefüllet werde, welche laut des allbereit ertheilten privilegii auch in anderen Städten und Dörfern ausgebreith werden und doch unter dem Namen und privilegien zum Manufacturhaus gehörig bleiben können, sonst so stricte auf Benennung (?) der manufacturen nicht zu gehen, indehme es zweierley ist, eine Manufactur toleriren und eine Manufactur privilegiren, und wird die intention, die man zu fassen hätte, aus beiliegendem Gutachten, welches ich unlängst auf Begehren eines fürnehmen Standes des Reiches aufgesetzet vernehmen. Sonderlich aber sollen in diesem Hause drei Hauptmanufacturen, als was die Verbesserung der **wollinen, Seiden- und Ledermanufactur** gesehen werden, item **die Bereitung der mineralischen und vegetabilischen Farben** zur Färberey und Mahlerei dienlich, damit solche introducirt, perfectionnirt und ingrossirt werden. Denn diese sind es, welche so viel Gulden aus dem Lande führen. So werden auch noch mehr Dinge in dem privilegio exprimirt, welche bishero anzugreifen nie ist gedacht worden, absonderlich aber wollte ich darinnen eine **glashütte** exprimirt haben und die **Kupfermanufactur**, nämlich das Kupfer in Eisen zu wandeln.

Drittens, die Privilegia belangend, so ist, was solches angehet, wan etwas dem publico zum Besten geschehen solte, mit weit anderen Augen anzusehen, als wann nur ein privater Nutzen gesucht wird. Wie auch dessen Erläuterung aus beyliegendem Gutachten zu ersehen ich . . . . nicht was mein nuzen, sondern was des publici nuzen seye, hoffe aber, man werde darneben auch mir zulassen, dass in Beförderung des boni publici ich oder meine Nachkommen auch Nuzen für sich machen können. Mit einem Word, die privilegia sind der Untergang aller Manufacturen und die Hinderung, wodurch alle Manufacturen gehemmt werden. Zum Exempel: Wann die wolline Zeugmanufactur einer Person privilegiret ist, was ist das anderes als alle anderen excludirem, damit sonst darinnen kein Mensch etwas thun könne, noch moge, da doch Niemand das Vermögen hat, das Land mit genugsamer fabrica zu verlegen, ergo wird solche Manufactur durch dergleichen privilegia gehemmt, derohalben keine einzige manufactur derer generaliter solch eine grosze Consumption im Lande ist und welcher so viel von auszen her zugeführt wird, privative zu privilegiren, dieweilen die Intention seyn soll so viel Personen, wan es möglich wehre auf einmal in solchen manufacturen arbeiten zu machen, dasz nichts mehr derselben von auszen herein gebracht werde; dafern übrigens solche Manufacturen sind, welche nicht ad necessitatem inevitabilem dienen, welcher Gebrauch auch nicht gröszer ist, als dass ihrer etzlich wenig Personen und Verlag zu employiren, die können gar wohl privilegiret werden — als zum exempel eine glashütte zum Spiegelmachen kann darum privilegiret werden, jedoch nicht weiters als der district von neun stunden umb wien herrumb gehet, dieweihlen eine solche glashütte sufficient ist so viel Spiegel zu machen als man daselbst verkaufen kann. Dieweihlen dann das publi cum solches erfordert, dasz nemblich der numerus operantium multipliciret und nicht restringiret werde, in solchen manufacturen, als muss doch anders woher eine Belohnung der Mühe und Kosten halber gesuchet werden, wan man solche Manufacturen establiren soll. derohalben begehre ich auf dieser Cardinalmanufactur generaliter kein privilegium privativum, sondern nur cumulativum, nemblichen:

1. dass alle dergl. Künstler und Handtwerckher in diesem Haus dürffen frey unterhalten und an die Arbeit gebracht werden;

2. dass in der stadt Wien solches Haus ein oder mer gewölb öffentlich halten dorfte, seine Facturen daselbst zu verkaufen (NB. hoc in privilegio jam est expressum);

3. dass auch in dem Hause selbst allerley was es seye, zu verkauffen frey gelassen sey;

4. damit die Arbeiter nicht unter anderem proetext Ursach haben aus dem Haus und von der Arbeit zu lauffen, so soll das Haus Wein und bier etc. zu schenken befugt sein (et hoc est in privilegio concessum);

5. Wan etwa sonderliche Künste und Wissenschaften herzugebracht werden, so soll das Haus einer hochlöblichen Hoffkammer solches intimiren, welche nach Beschaffenheit der Sache ein privilegium darüber zu procuriren willig seyn wolle, unterdessen wird weiters kein privilegium privativum auszer allein 1. das Eysen in

Kupfer al grosso zu transmutiren 2. die Glashütte 3. . . . .[1]) herinnen exprimiret seyn. Damit auch ferner nirgends her eine opposition als gegen etwas neues zu beforchten, so wird der Vorschlag gethan, ob dieses Haus unter dem Nahmen der Hoffbefreyung als das hoffbefreyte Haus solche Freiheit haben möge; denn wie die Hoffbefreyten jeder seiner Profession nach arbeiten, handeln und wandeln darff, also würde sub hoc nomine auch dieses Haus privilegiret seyn, womit auch zugleich ein groszer Stein des Anstoszes aus dem Wege gelegt würde, dasz nemblich die Jurisdiction über das Haus von der Regierung weg und nachm Hoff unter den Hoffmarschall gezogen werde. Denn es ist bekannd, dasz die burgerschafft solchen Befreyungen feind ist und ihnen in weg leget, was sie kan, wan nun etwan eine differenz sich ereignen sollte, so weis man wol, dass die Herren Statthalter es alle Zeiten mit dem burgermeister und dieser mit seinen burgern es halt, also hatte das Haus Niemanden, der es schützen wird, aber wan der Herr Hoffmarschall es unter sich hat, so wird es damit ebenso gehalten wie bishero mit den Hofbefreyten. Ich habe 18 manufacturen derer teils noch nie in der weld gewesen, die übrigen aber in diesem Lande nicht bekand, welche ich herbei bringen kann und teils ad ornamentum teils ad inevitabilem necessitatem dienen, von welchen ich für mich nicht viel nuzen haben kann, indehme ich solchen nuzen dehnen verlegern und arbeitern laszen musz und nichts als die Mühe loco proemii zu erwarten. Ist also nötig, dasz man mir wie gesagt sonsten eine ergezlichkeït lasze, den wan man gar nichts von einer Sache hat, so vergehet einem die Lust bald.

Dasz aber die sogenande Becherische privilegia auf des Becher's seine Person seyen gegeben worden und also seine interessenten sich zu opponiren befugt seyen, weyset sich erstlichen ex verbis privilegii viel anders, indehme alle Zeit solche privilegia auf das Haus lauthen, auf Bechern aber nicht anders, dass quatenus er das Haus inne hat. Nun ist Becher mit einer ganzen Compagnie bancorupt worden, haben das Haus bei nächtlicher weihl abandonirt, die Manufacturen liegen lassen und sind heimlich davon gegangen, dasz eine hochlöbliche Hoffkammer bewogen worden, solches Ihrer kays. Majestät zu hinterbringen und mir das Haus mit den privilegiis wie bewust zu übergeben. Dass aber Eine oder Andere die in privilegio mit exprimirte bandmanufactur als ein sehr einträgliches Werkh sub titulo des privilegii continuiret und damit das privilegium in possession zu behalten gemeint, solches ist dieweilen es von mir nicht contradicirt worden de facto geschehen. Aber zur Manutenirung des privilegii nicht hinlänglich, denn: 1. haben sie nicht frey gehabt, ohne einwilligung einer hochlöblichen Kammer diese Manufactur aus dem Hause anders wohin zu transportiren lauth expressen worten des privilegii; 2. ist weder Becher noch Jemand seiner Interessenten befugt gewesen, ein

---

[1]) Ist in dem MS. durchstrichen.

stuckh von den privilegiis allein, woraus nur Nuzen zu nehmen, zu continuiren, das andere aber, woran dem publico mehr gelegen, liegen zu lassen, indehme dieses privilegium nicht blosz zum privaten Nuzen Dieses oder Jenes verliehen worden, sondern es ist cum onere geschehen, dasz nemblich solche in privilegio benende Manufacturen und Künste und Gott weisz was für miracula her introduciret werden, welches, wan es nicht geschehe, die privilegia cassiret seyn sollten, wie solches nicht allein aus dem privilegio selbst, sondern auch aus beiliegendem Becher'schen Revers claris verbis erhellet. So bringt solches auch der gemeine Verstand mit sich, indehme es eine Thorheit und dem publico höchst proejudicirlich wehre, wan einer ein privilegium auf 20 Manufacturen nehme, exercirte aber entweder gar keines oder derer eines oder das andere nicht und sollte das privilegium dennoch gultig seyn, dasz kein anderer dorffte dergleichen anfangen. Das wehre ja weder die intention des privilegii als welche zur Beförderung und nicht zur Hinderung der manufactur gegeben werden. Im übrigen referire ich in diesem Punkte auf den Becherischen Revers, als welchem bis dato nicht im geringsten punct satisfaction geschehen noch nachgelebet worden ist.

WILHELM v. SCHRÖDER.

Beilage IV.

Extract meines (Schröder's) abgeforderten gutachtens von N. N. wegen ingrossirung der commercien und vermehrung und verbesserung der manufacturen.

Und ist wohl mehr dann zu wahr, dasz die Innungen und narrischen Handwerksordnungen der Zünfte die verderblichen Ruinen sind aller Manufactur in Teutschland. Und erinnere ich mich noch gar wohl, dasz der hochsel. Churfürst Joh. Philipp, Churfürst von Maynz, oft darüber geseufzet und eines von seinen desseinen (?) gewesen, das bei der nächsten Zusammenkunft auf dem Reichstage er proponiren und nach Möglichkeit mit darob sein wollte, dasz solcher Ruin von Teutschland abgewendet werde und eine Aenderung in dieser Sache geschehe und ist freilich einem Chur oder Fürsten oder einem anderen Stande des h. römischen Reiches schmerzlich anzusehen, wan er das Unheil sihet und dennoch in seinem Lande es zu ändern nicht vermag, dieweilen solche von den alten romischen Kaysern dehnen Zunfften als sonderliche privilegia sind conferiret worden und solche abzuschaffen ist eines standes des Reiches Macht und Gewalt nicht steht, bis und so lange etwa einmal communi consensu statuum Imperii das Werk auf dem Reichstage in einer anderen Form gegossen würde. Unterdeszen achte ich es schwer zu seyn ohne unterthänigste maszgebung dieser Sache auf eine andere arth einen solchen riegel vorzuschieben, dasz Ew. Excellenz (?) landen damit geholfen seyn und solches kann ohne weitlaufftigkeit in folgender arth geschehen, wann nemblich ein manufacturhaus aufgebaut wird, alwo als in einem loco privilegiato alle Handwerker leben und wohnen könnten, sie kömmen her, wo sie wollen. Diesem Haus musz das Privilegium gegeben werden, dasz es die Jugend und Andere darinnen instruiren darff, welche so dan nicht nach der Zahl der Jahre, die sie lernen müssen, sondern nachdehme sie bald zur perfection kommen, sub sigillo des Hauses ihren Lehrbrief bekommen und damit befugt seyen, im ganzen Land nicht nur zu wohnen und zu arbeiten, sondern auch andere zu lehren, jedoch dasz ein solcher auszer dem Haus im lande wohnend, wan er einen lehrjungen annimbt, denselben in's Manufacturhaus bringet und ihn allda einschreiben lässt; auch dasz ein solcher Lehrjunge, wenn er losgezehlet wird, vom Manufacturhause unter dessen Siegel seinen Lehrbrief haben müsze. Und wird sich also das Manufacturhaus über seine Mauer in's ganze Land extendiren dergestalt, dasz alle die, so entweder im Manufacturhause gelernt oder von dehme, so vom Manufacturhaus dependiren, gelernt haben, eben als wohnten sie im Manufacturhaus considerirt werden, auf welche Weis in etzlich Jahren das Land mit lauter Handwerkern wird angefüllet seyn, denn sie werden sich darumb so sehr multipliciren, dieweilen 1. in Erlernung des Handwerks so viel Jahre erspart werden, 2. ein solcher nicht gebunden ist, so viel Jahr zu wandern, sondern er wird sich alsobald niederlassen und Geld zu gewinnen suchen und Lehrjungen aufnehmen, 3. dieweilen ein solcher unter den Zunnfften nicht gelitten und bei anderen zunfftmäszigen Gesellen nicht geduldet wird, als mus er im Lande bleiben und wo er privilegiret ist, seyn Handtwerk treiben, kan sich also nicht verlauffen. Und schadet das nicht, dass man sagen wolte, wan ein Handwerkskerl nicht gereiset, was hat er dann gesehen uud Er wird ein Stumpler bleiben; denn nicht das im Lande herumblauffen, sondern das fleissige arbeiten perfectionirt einen solchen Kerl. Dieweilen dan ein Jeder von diesen wan Er will in das Manufacturhaus zu gehen, alles, was er verlangt zu besichtigen oder sich informiren zu lassen, möge befugt, auch die Meister im Hause gehalten seyn, einem Jeden alles zu zeigen, zu sagen, was er zu wissen verlangt, so wird die erfahrung geben, dafs ein solcher Kerl an perfection in seinem handtwerck dehnen, welche so viel Jahr in der Welt herumb geloffen, weit befor gehen wird. Auf diese weis meine ich schon die . . . . . tia (?) der Handtwerker leicht zu multipliciren. Aber es ist hervor wohl auf die Ertheilung des privilegii zu sehen, welche so viel und bisweilen mehr als die Zunffte zu schaden pflegen, denn sie sind der ruin von manufacturen, dieweilen die multiplication derselben limitirt wird. Dieweihlen aber ohne privilegiis viel Künste und Manufacturen nicht im Land zu bringen sind, so gefallet mir unter anderen der Engländer ihr methodus, dessen sie sich gebrauchen, nemblich wann ein privilegium gegeben wird, so verkaufft der, welcher das privilegium hat, solche Freiheit als eine Licentz an Andere, derer ein Jeder, welcher solche manufactur treiben will, ein Stück Geld für solche Licenz an den privilegirten gibt, dieser aber mus die Licenz hergeben. Wodurch dieser sein privilegium genieszet, aber der Manufactur geschieht kein Schaden. Gleichwie des Herzog von Ar...ls (?) Bruder in der Lederbereitung etwas erfunden, darauf er ein privilegium nahm. Mit diesem privilegium schickte er jemand durchs ganze Königreich, welcher die Licenz allen Lederbereitern anbothe und dafür von jedem ein stück gold bekahm, welches so viel machte als austrage (?) als wan Er viel Jahr selbsten arbeitet.

Die anwehr und Consumption betreffend etc. etc.

(Das Dokument bricht hier ab. Unterschrift fehlt.)

Printed by Libri Plureos GmbH
in Hamburg, Germany